초3,

처음부터 스스로 공부하는 아이는 없습니다

초3,
처음부터
스스로
공부하는
아이는
없습니다

평생 학습 습관을 만드는
랜선 공부법

장진철 지음

디셀
에듀

≪≪≪ ————————————————————— ≫≫≫

랜선 공부로 성장한 아이들의 생생한 이야기

▶ 2학년 때 공부를 제대로 하지 않아서인지 처음에는 3학년 공부가 어려웠어요. 랜선 공부 프로젝트에 참여하면서 이해되지 않는 문제가 줄어들고 혼자서도 공부하는 습관이 생겼어요. 3학년 안○○

▶ 혼자서 공부할 때는 딴짓을 많이 해서 엄마께 자주 혼났어요. 랜선 공부 프로젝트에서 계속 메모하면서 공부하니까 집중력이 좋아졌어요. 어려웠던 수학 문제에도 자신감이 생겼어요. 3학년 이○○

▶ 수학이 어렵고 싫었는데 선생님과 차근차근 공부하면서 수학이 쉬워지고 좋아졌어요. 2학년 때는 엄마께 공부하라는 말을 많이 들었는데 이제는 그 말을 안 들어요! 3학년 박○○

▶ 처음 3학년이 되었을 때는 단원평가가 어려웠어요. 랜선 공부 프로젝트에 참여한 뒤에는 단원평가가 쉬워졌어요. 한번 풀었던 문제를 영상을 보면서 복습하니까 기억에 오래 남아요. 다른 친구에게도 랜선 공부법을 추천해요. 3학년 풍○○

▶ 올해 선생님과 함께 랜선 공부를 하면서 매일 감사일기를 꾸준히 쓴 게 기억에 남아요. 일기를 쓰는 것이 처음에는 힘들었지만, 이제는 습관이 되어서 긍정적인 마음이 생기고 하루하루가 행복해졌어요. 3학년 이○○

❯ 예전에는 제대로 집중하지 못해 같은 문제집을 푸는데도 1시간 넘게 걸리던 공부가 이제는 30분으로 줄었어요. 길게만 느껴지던 공부 시간도 짧게 느껴져요. 3학년 공○○

❯ 2학년 때는 공부가 어려운 것이라 생각했지만 이제는 그렇지 않아요. 혼자 공부하는 방법을 알게 되었고, 요즘은 어려웠던 사회 수업도 이해가 잘 돼요. 3학년 현○○

❯ 랜선 공부 프로젝트에서 공부한 문제가 학교 수업이나 다른 문제집에도 자주 나와서 다른 공부가 쉬워졌어요. 부모님도 저에게 스스로 공부하는 습관이 생겨서 좋아하세요. 3학년 강○○

❯ 랜선 공부 프로젝트를 하면서 수학에 자신감이 생겼어요. 덕분에 모르는 문제는 숨기기보다는 당당하게 "이거 모르겠어요!"라고 말하는 방법도 배웠어요. 마음속에서 "이제 나도 할 수 있다!"라는 생각이 들어요. 3학년 이○○

❯ 감사일기, 배움공책, 자기 점검표, 명상과 같이 처음 접하는 공부법이 낯설었어요. 하지만 어느새 차근차근 배우고 익숙해져서 가장 어려웠던 국어 공부도 쉬워졌어요. 3학년 강○○

❯ 배움공책을 쓰면서 자연스럽게 복습이 되어서 좋았어요. 오늘 배운 내용을 쉽게 정리할 수 있게 되었고, 공부한 내용도 잘 떠올라요. 앞으로도 배움공책을 쓸 거예요. 3학년 최○○

❯ 예전에는 어려웠던 영어가 랜선 공부를 하면서 놀이처럼 재미있어지기 시작했어요. 놀이라고 생각하니 영어가 쉬워 보이고 자신감이 생겨서 실력이 많이 늘었어요. 영어랑 친구가 된 느낌이에요. 3학년 조○○

❯ 랜선 공부 프로젝트를 하면서 학교 수업 시간에 배울 것들을 미리 익힐 수 있었어요. 덕분에 학교 수업이 쉬워지고 재미있어졌어요. 내년에도 랜선 공부 프로젝트에 참여하고 싶어요. 3학년 임○○

초등 3학년부터 평생 가는
공부 체력을 길러주세요

사회는 학교가 따라갈 수 없을 정도로 빨리 변화하고 있습니다. 미래 사회에 적응하려면 아이들은 스스로 공부하는 습관을 들이고, 스스로 새로운 것을 배워야 합니다. 미래 사회에 필요한 새로운 지식은 학교나 학원이 아니라 온라인에 있습니다. 이미 코딩과 인공지능 등 미래의 과학기술 분야에 관한 온라인 콘텐츠가 개발되어 많은 사람이 활용하고 있습니다. 미래 인재는 온라인 콘텐츠를 잘 소화해 스스로 공부하는 능력을 갖추어야 합니다.

학교는 그동안 교육 콘텐츠나 교육 방법에서 사회의 변화를 따라가지 못했습니다. 하지만 코로나-19 팬데믹 이후 교육의 변화 속도가 빨라졌습니다. 온라인 학습 인프라가 갖추어졌고, 우수한 학습 콘텐츠가 개발되었으며, 실제 경험이 쌓였습니다. 온라인 수업은 시간과 공간의 한계를 넘어 새로운 교육의 가능성을 향해 가고 있습니다. 온라인을 통해 이루어지는 교육에서 가장 중요한 것은 바로 스스로 공부하는 습관과 방법입니다.

새로운 시대의 새로운 교육에는 새로운 학습 방법이 필요합니다. 이처럼 미래에 필요한 자기 주도 학습 역량을 저는 '랜선 공부법'이라고 이름 붙였습니다. 랜선 공부법은 '온라인 교육 콘텐츠를 활용하여 정규 교육과정을 학습하고, 궁극적으로 스스로 공부하는 습관을 키우는 학습'입니다. 평생 이어질 학습 습관을 만들기에 랜선 공부법은 가장 효과적인 방법입니다. 초등 시기에 랜선 공부법을 제대로 익히면 중고등학교는 물론 성인이 되어서도 활용할 수 있습니다.

랜선 공부법은 단순히 인터넷 강의를 듣는 방법에 관한 것이 아닙니다. 온라인 콘텐츠를 효과적으로 이용해 아이들 스스로 학습하는 방법을 발견하고 익히는 것입니다. 랜선 공부법을 익히면 아이들이 배우고 싶은 것을 스스로 찾아 공부하는 능력을 키우게 됩니다. 앞으로 온라인으로 학습하는 방법을 익힌 아이들과 그렇지 않은 아이들의 학력 격차는 더 크게 벌어질 것입니다. 이 책의 1장에서는 이와 같은 사회의 변화와 랜선 공부의 중요성에 대해 이야기합니다.

온라인 학습을 할 때 선생님과 함께 공부하던 방식대로 하면 실패할 확률이 높습니다. 저는 반 아이들과 랜선 공부법 프로젝트를 하면서 랜선 공부의 효과를 극대화하는 7가지 원칙을 세웠습니다. 좋아하는 콘텐츠에서부터 시작하기, 스스로 공부 계획 세우기, 수업 전 예습하기, 수업 중 집중력 높이기, 수업 후 복습하기, 스스로 점검하기, 공부 루틴 만들기와 같은 절차입니다. 자신에게 맞는 랜선 공부를 찾으면 더는 학원이나 부모님께 기대지 않고 스스로 공부할 수 있게 됩니다. 2장에서는 온라인으로 스스로 공부하는 아이로 키우는 7가지 원칙을 제시합니다.

초등학교 3학년이 되면 기존의 통합교과에서 벗어나 세분화된 과목을 배우게 됩니다. 과목에 따라 공부하는 방법이 다를 수밖에 없습니다. 또 본격적인 학교 공부가 시작되는 시기이기 때문에 학생 간의 수준 차이도 생깁니다. 즉 공부를 잘하는 아이와 그렇지 못한 아이가 나뉘는 겁니다. 3장에서는 주요 과목을 학생의 수준에 맞게 학습할 수 있는 구체적인 방법을 안내합니다.

랜선 공부법의 지속적인 성공에 필요한 것은 아이들의 자기 주도성입니다. 온라인 학습의 단점은 주변의 유혹이 많다는 것입니다. 그렇다고 온라인 학습을 하는 동안 부모님이 옆에서 계속 지켜보는 것도 좋지 않습니다. 계속해서 어른에게 의존하다 보면 혼자 공부하는 능력을 키우기 어렵습니다. 4장에서는 이러한 자기 주도성을 키우는 방법을 담았습니다.

저와 3학년 아이들의 랜선 공부법은 오늘도 계속되고 있습니다. 새로운 공부 방법을 아이들과 함께 체험하는 것은 여행을 떠나는 것만큼 설레는 일입니다. 이 책은 그동안 저희 반 아이들과 제가 온라인 세상을 함께 여행하면서 얻은 경험을 모아둔 "온라인 학습 여행기"인 셈입니다.

여행이 사람을 성숙하게 하듯 저희 반 아이들도 처음에는 많은 시행착오를 거쳤지만 결국 성장을 이루었습니다. 이제 아이들은 스스로 하루 계획을 짜고, 온라인 교육 콘텐츠로 공부하고, 예습과 복습을 주도적으로 합니다. 랜선 공부법은 스스로 공부하는 아이가 되는 지름길입니다. 저희 반 아이들이 겪은 시행착오 없이 빠르게 온라인 학습에 적응하는 데 이 책이 좋은 길잡이가 되길 바랍니다.

장진철

차례

1장 처음부터 알아서 공부하는 아이는 없습니다

2장 스스로 공부하는 아이로 키우는 7가지 원칙

3장 초3 과목별 공부 공략법

4장 공부의 자기 주도성을 키워주세요

1장

처음부터 알아서 공부하는 아이는 없습니다

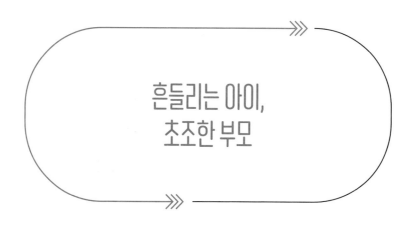

흔들리는 아이,
초조한 부모

가장 좋은 복습 자료는 교과서

3학년 첫 단원평가 결과를 보고 담임교사인 저는 고민에 빠졌습니다. 2학년 때 배워야 할 것들을 제대로 배우지 않고 올라온 아이들이 있긴 했지만, 평가 결과는 심각했습니다. 예상보다 많은 아이가 학습 결손을 겪고 있었습니다. 학부모에게 담임의 전화가 큰 부담인 것을 알고 있었지만 현실을 알려야 상황이 더 나빠지는 것을 막을 수 있다는 생각에 전화를 걸었습니다.

먼저 부모님께 단원평가 결과를 알려드리고 어쩌면 전 학년 때 기초가 부족해 아이가 힘들어하는 것은 아닐지 걱정된다고 이야기했습니다. 어떻게 도움을 주는 게 좋을지 상의하기 위해서라고도 덧붙였습니다.

"그렇군요. 저희 부부가 맞벌이라서 작년에 아이가 집에서 혼자 온라인 수업을 받았거든요. 나름 수학 복습을 했는데도 잘 안되네요. 죄송합니다."

부모님이 거듭 죄송하다 하시는 바람에 오히려 전화한 제가 더 미안해졌습니다. 코로나-19가 한창인 2020년에는 맞벌이 가정의 많은 아이가 혼자 집에서 온라인 수업을 받았습니다. 기초 부족은 거기서 비롯된 것으로 보였습니다. 가정에서 지도했다 해도 맞벌이 부부가 감당하기에는 한계가 있을 것입니다. 담임인 제가 이렇게 걱정되는데 부모님들은 오죽할까요. 그래도 함께 해결책을 찾아보려는 생각으로 대화를 이어갔습니다.

"아이가 다른 과목은 다 잘하는데 수학을 조금 어려워하는 것 같아요. 2학년 때 배운 덧셈과 뺄셈부터 틀리다 보니 수학에 자신감을 잃어가는 모습이 보여서 안타까워요."

"네, 선생님. 맞아요. 연습을 꾸준히 해야 하는데 그게 잘 안되네요. 좋은 방법이 없을까요?"

"혹시 작년 수학 교과서는 버리셨나요? 교과서가 제일 좋은 복습 자료인데요."

"아, 찾아볼게요."

저는 부모님께 작년 수학 교과서와 수학 익힘책을 하루 두 쪽씩 풀어보게 하라고 권했습니다. 부모님과의 통화가 끝나고, 안도감을 느꼈습니다. 1~2학년 때는 학습 내용이 많지 않아서 비록 학습 결손이 있더라도 금방 극복할 수 있기도 하고, 아이 어머니의 밝은 목소리에서 희망을 볼 수 있었기 때문입니다.

주요 과목부터 시작되는 학습 격차

전국의 많은 학생이 학습 결손을 겪고 있습니다. 2021년 6월 발표된 2020년 학업성취도평가 결과, 온라인 수업으로 인한 학습 결손이 전국적으로 상당히 심각한 수준임이 드러났습니다. 중학교 3학년과 고등학교 2학년 학생을 대상으로 국어, 영어, 수학 등 교과별 성취 수준을 지난해와 비교해보니, 거의 모든 교과에서 기초학력 미달 비율이 증가했습니다. 학습 수준이 평균에도 미치지 못하고 뒤처지는 학생이 많아졌다는 뜻입니다.

비록 이번에 초등학생의 학력 수준은 평가하지 않았지만, 아마 초등학생의 상황도 이와 다르지 않을 것입니다. 저를 포함한 대부분의 초등학교 선생님이 이미 아이마다 수업 내용을 받아들이는 데 차이가 있음을 체감하고 있습니다. 초등 시기부터 수업 내용을 제대로 소화하지 못하고 점점 더 뒤처지다 보면 아이는 학교생활 자체에 어려움을 겪게 됩니다. 따라서 선생님들은 이러한 격차를 줄이고자 노력하고 있습니다.

학습 격차를 좁히지 못하면 국어, 수학, 영어 등 모든 과목의 기초가 되는 주요 과목에서 가장 먼저 문제가 드러납니다. 먼저, 국어 학습의 격차를 좁히지 못하면 문해력이 발달하지 못합니다. 문해력은 글을 읽고 쓰는 기초적인 능력과 글 전체의 내용을 이해하는 능력입니다. 정보를 읽고 이해하며 처리하는 역할을 담당하기에 사회, 과학, 수학, 영어 등 여러 과목에 영향을 미칩니다. 초등학교에서 관찰된 대부분의 학습 부진은 문해력의 부족에서 시작됩니다. 셈하기 능력이 부족하더라도 문해력이 튼튼한 아이들은 한두 학기 안에 극복해냅니다. 이 때문에 초등 시기에 문해력 향상을 위해서 꾸준히 노력해야 합니다.

수학 학습의 격차를 좁히지 못하면 '수포자'가 되기 쉽습니다. 수학은 대표적인 나선형 교육과정 과목입니다. 나선형 교육과정이란, 학년이 높아질수록 같은 내용을 좀 더 깊고 폭넓게 배우는 교육과정을 말합니다. 예를 들어 초등 2학년 1학기에 덧셈을 배우고 이를 바탕으로 해서 곱셈이 도입되며, 이를 바탕으로 3학년에 나눗셈을 배우게 됩니다. 따라서 이전 학년의 내용을 이해하지 못하면 아무리 새로운 내용을 공부해도 성적이 오르지 않습니다.

수학 과목의 성적을 높이 쌓아 올리려면 기초가 넓고 튼튼해야 합니다. 초등학교 수학 공부는 개념 이해부터 서술형 문제, 사고력 문제를 통해서 중고등학교 수학의 기초가 됩니다.

영어 공부도 초등 시기에 충분히 실력을 다져놓지 않으면 영어 자체를 싫어하게 됩니다. 아이들은 초등학교 3학년부터 학교에서 정규 수업 과목으로 영어를 배웁니다. 영어에 대한 흥미와 자신감을 심어주기 위해 초등학교 영어 수업은 게임과 음성언어 중심으로 진행합니다. 그래서 학습에 대한 부담도 적고, 아이들도 영어 시간을 기다리지요.

음성언어 위주의 3~4학년 영어 수업에서 조금씩 읽기와 쓰기의 비중이 늘어나면 실패를 경험하는 아이들이 늘어납니다. 알파벳을 외우고 단어와 짧은 문장을 읽고 쓸 줄 알아야 하기 때문에 학습 부담이 점점 커집니다. 실력이 평균보다 조금씩 뒤처지는 아이들은 보통의 아이들이 재미있어하는 게임 형식의 영어 수업에도 흥미를 느끼지 못하고 자신감을 잃습니다.

학습 격차가 정서에 미치는 영향

초등 시기부터 수업 내용을 제대로 소화하지 못하고 점점 뒤처지다 보면 아이는 학교생활 자체에 어려움을 겪게 됩니다. 기초 학력이 필요한 국어, 영어, 수학, 사회, 과학 등 주요 과목 공부를 힘들어하게 되고 음악, 미술, 체육과 같은 예체능 시간만 기다리기

십상입니다.

초등학교 교육과정의 예체능 시간 비율은 약 25퍼센트입니다. 나머지 75퍼센트는 기초 학력이 필요한 수업입니다. 따라서 기초 학력이 부족한 아이는 학교생활 전반에 자신감을 잃습니다. 이러한 학습 격차는 성적뿐 아니라 아이의 정서에도 안 좋은 영향을 미칩니다.

상황이 이렇다 보니 온라인 수업이 시작된 이후 아이의 학습 수준에 관한 부모님들의 불안과 걱정이 계속 커져만 갑니다. 수업을 열심히 듣는다고 생각했는데 교과서를 보면 공부한 흔적을 찾기 어렵고, 원격 수업을 듣기는 했는데 클릭만 열심히 해서 6교시 수업을 30분 만에 끝내버리기도 합니다.

직장에 다니는 엄마는 아이가 수업을 제대로 듣고 진도를 잘 따라가는지 오롯이 지켜보기 어려우니 불안하고, 전업주부인 엄마도 아이가 뜻대로 따라오지 않으니 답답해집니다. 게다가 대부분의 가정에서 공부 방향을 잡지 못하고 교육 공백이 발생하는 동안, 교육 성지라고 불리는 강남의 어머니들은 사교육 강도를 더 높였다는 소식도 들리니 더 초조해집니다.

그런데 이러한 혼란스러운 상황에서도 주목해야 할 점이 있습니다. 똑같이 비대면 온라인 학습을 처음 경험했는데도 꾸준히 상위권을 유지하거나 오히려 성적이 더 높아진 아이가 있다는 사실입니다. 부모와 아이는 물론 선생님까지도 낯선 환경에 혼란스러

위하는 이때, 주변에 휩쓸리거나 흔들리지 않고 꾸준히 앞으로 나가는 아이들이 있습니다. 대체 어떤 아이들이 온라인 학습 속에서도 좋은 성적을 보이는 걸까요?

위기 속에서
발견한 새로운 교육의 기회

랜선 공부법이란?

원격 수업이 이루어지는 상황에서 휘청거리는 아이와 중심을 잡고 앞서가는 아이의 차이는 바로 랜선 공부법에 있습니다. 랜선 공부법이란 '온라인 수업 도구를 제대로 활용하고, 궁극적으로 스스로 공부하는 습관을 키우는 학습'입니다. 랜선 공부법을 꾸준히 실천한 아이는 학습 환경이 오프라인에서 온라인으로 변해도 흔들리지 않습니다.

랜선 공부법이 필요한 이유가 코로나-19 팬데믹이라는 상황 때문만은 아닙니다. 온라인 학습은 우리가 언젠가 마주할 미래의 교육 방식이었습니다. 코로나-19가 유행하기 전부터 교육계에서는 온라인 학습의 활용에 대한 논의가 이루어지고 있었습니다. 그 시기가 앞당겨졌을 뿐입니다. 그 덕에 온라인 학습에 대한 진입장벽이 낮아지고, 이해도는 높아졌습니다.

앞으로 랜선 공부법의 필요성은 더욱 커질 겁니다. 교육부는 온라인 수업의 장점을 살려 온·오프라인 혼합형 학습(Blended Learning)을 허용하겠다는 취지의 성명을 발표하기도 했습니다. 앞으로 정상 등교일과 온라인 등교일이 혼재된 혼합형 학습을 하게 될 가능성이 열린 것입니다. 교육부가 온라인 수업에 이미 많은 투자를 한 것이 그 증거라고 볼 수 있습니다. 또 대면 수업이라는 아날로그 교육 방식과 스마트 기기를 활용한 수업 방식이 혼합을 이룬 스말로그(스마트+아날로그) 교육이 대두되고 있습니다. 이제 랜선 공부법은 선택이 아니라 필수입니다.

이미 중고등학생이나 성인의 교육은 많은 부분이 온라인으로 이루어지고 있습니다. 초등 시기부터 랜선 공부법을 익힌 아이들은 초등학교 공부는 물론 중학교, 고등학교 시기, 성인 시기에 더욱 앞서나가는 학습자가 될 것입니다.

온라인 수업에 대한 오해

온라인 수업을 회의적으로 바라보는 시각도 있습니다. 온라인 수업이 전체적인 학력을 떨어트렸다고 생각하는 것입니다. 하지만 사실 온라인 수업은 학력을 떨어뜨리지 않았습니다. 양극화를 이끌어냈을 뿐입니다. 상위권 학생들은 공부를 더 잘하게 되었고, 하위권 학생들은 공부를 더 어렵게 느끼게 되었습니다. 이는 2020년 중학교 3학년을 대상으로 한 국가수준 학업성취도평가를 통해 확인된 바 있습니다.

상위권 학생들은 어떻게 성적을 향상시킬 수 있었을까요? 사교육의 힘이라고 할 수도 있겠지만, 코로나-19가 한창일 2020년에는 학원도 휴업 중이거나 온라인 수업으로 전환했습니다. 상위권 학생들의 성적이 향상된 이유는 바로 온라인 수업에 빠르게 적응했기 때문입니다.

시영이의 사례를 보겠습니다. 시영이는 온라인 수업에도 대면 수업처럼 적극적으로 참여했습니다. 배움공책을 이용해 복습하는 습관을 들여 학습 개념을 익혔습니다. 방과 후에는 EBS 교재로 공부했습니다. 방송 시청 전에 개념 이해 부분을 읽고, 문제를 풀고 채점을 했습니다. 방송 시청 중에는 중요한 부분을 메모하면서 공부했습니다.

수학을 힘들어했던 시영이는 3월 진단평가에서는 수학 점수가 평균보다 낮았지만, 학기말 평가에서는 성적이 크게 오르고 수학에 대한 자신감도 생겼습니다. 이처럼 코로나 시기에도 성적이 오른 아이들은 학습에 대한 의지와 자제력을 바탕으로 제대로 온라인 학습을 했습니다. 모든 아이가 온라인 학습 때문에 성적이 떨어진 것은 아닙니다. 자기 주도성을 바탕으로 온라인 학습을 제대로 하는 능력인 랜선 공부법을 알고 있는 아이들은 성적이 올랐습니다.

'위기는 기회'라는 말이 있습니다. 원격 수업이라는 어려움을 극복하려는 의지 속에서 저는 랜선 공부의 새로운 가능성을 보았습니다.

첫째, 온라인 학교 수업을 하면서 아이들은 시간과 공간의 제약을 받지 않고 자신에게 필요한 공부를 할 수 있는 역량을 갖추게 되었습니다. 코로나-19가 아니었다면 절대 얻을 수 없는 경험이었습니다.

둘째, 양질의 온라인 학습 콘텐츠가 개발되었습니다. 학교 교육과정을 충실히 예습·복습할 수 있는 콘텐츠를 무료로 사용할 수 있게 되었습니다. 만나기 힘들었던 유명한 선생님들도 줌 수업으로 쉽게 만날 수 있게 되었습니다. 또한 유튜브에는 단원명만 치면 다양한 학습 영상을 볼 수 있습니다.

셋째, 온라인 학습 인프라가 가정에 구축되었습니다. 학교 수업도 가정에서 온라인으로 이루어지게 되면서, 온라인 학습에 필요한 태블릿 PC, 노트북, 웹카메라 등의 인프라가 가정으로 빠르게 보급되었습니다. 온라인 학습을 하고 싶어도 적절한 기기가 없어서 참여하지 못했던 가정에서도 이제 새로운 시도를 해볼 여건이 갖춰진 것입니다.

아이들은 어른을 따라 합니다

랜선 공부를 시작할 수 있는 좋은 여건이 갖추어져 있지만, 온라인 학습을 어떻게 해야 할지 몰라 자포자기하는 경우도 있습니다. 이런 랜선 공부법을 익히고 실천하면 성적을 크게 올릴 수 있습니다. 저는 이런 확신을 바탕으로 반 아이들과 랜선 공부법에 도전하게 되었습니다. 이 책은 그 도전에서 얻은 깨달음을 정리한 책입니다. 이 책에서 안내하는 방법대로 랜선 공부법을 실행한다면, 시행착오 없이 바로 랜선 공부법을 익힐 수 있습니다.

랜선 공부법을 실천할 때는 부모님의 역할이 중요합니다. 학원이나 학교가 아닌 가정에서 이루어지는 데다 초반에는 아이 혼자 습관을 들이기 어렵기 때문입니다. 이렇게 이야기하면 아이에게 좀 더 밀착하여 관리해야 한다고 오해하실 수도 있습니다. 하지만 아이에게 관심은 두되 적당한 거리를 유지하면서 지켜보는 것이 중요합니다. 방법은 아주 간단합니다. 아이가 온라인 수업을 들을 때 부모님도 함께 온라인으로 무엇인가를 배우고 익히는 경험을 하는 것입니다.

아이들은 어른이 시키는 것은 잘 내켜 하지 않지만 어른이 하는 것은 따라 하고 싶어 합니다. 수업 시간에 선생님이 "수업 중간중간에 스트레칭을 하세요"라고 말하는 것보다 선생님이 직접 스트레칭을 하면 아이들도 자연스럽게 따라 합니다. "선생님, 배꼽 보여요" 하며 까르르 웃기도 하면서 즐겁게 따라 합니다. 심지어 제가 명상을 하면 명상을 따라 하는 아이들도 있습니다. 이제부터는 가정에서 아이와 함께 랜선 공부법을 실천해보세요.

혼자 공부할 줄 아는 아이가 지치지 않습니다

학원이 필요 없는 공부 습관

"선생님, 저희가 맞벌이라서 우진이 공부를 제대로 관리하지 못해 고민이에요."

학교에 상담받으러 오시는 학부모님께 자주 듣는 말입니다. 우진이는 원래 공부를 좋아하는 아이는 아니었습니다. 그래도 공부 욕심이 아예 없는 건 아니어서 수학 학원에 다녔는데, 학원 수업을 들은 지 반년이 다 되도록 성적이 오르지 않아 어머님께서 걱정스러운 목소리로 저에게 전화하셨습니다.

우진이의 부모님도 모두 바쁘셔서 집에서 아이 공부를 봐주기가 여의치 않은 상황이었습니다. 3학년이면 스스로 공부하는 방법을 익혀야 하는데, 부모님은 어떻게 해야 할지 막막해하셨습니다. 저는 학생 스스로 공부하는 습관을 키우기 위한 랜선 공부법 프로젝트에 참여하기를 권했습니다.

"제가 온라인 학습을 활용해서 혼자 공부하는 습관을 키우는 프로젝트를 기획하고 있는데, 혹시 우진이가 원하면 참여시켜보시겠어요?"

다행히 우진이는 랜선 공부 프로젝트에 참여하게 되었고, 새로운 공부법에 호기심을 느끼며 적극적으로 활동했습니다. 함께 공부하고 집으로 가는 길에 우진이에게 랜선 공부법이 어떤지 물어보았습니다. 우진이는 눈을 동그랗게 뜨며 대답했습니다.

"학원에 안 가도 공부가 되는 게 신기해요. 엄마하고 이야기해서 학원은 다 끊었어요."

우진이는 랜선 공부 습관의 어떤 점에서 재미를 느낀 걸까요? 예전에 하던 집·학원 공부와 구별되는 랜선 공부법만의 특징은 어떤 것이 있을까요?

집·학원 공부와 랜선 공부의 3가지 차이

집·학원 공부와 다른 랜선 공부의 첫째 특징은 온라인 콘텐츠

	집·학원 공부	랜선 공부
학습 자료	문제집	교재 + 온라인 학습 콘텐츠
공부 방법	문제 풀이→채점→오답 수정	3단계 학습 (예습→수업 참여→복습)
학습 주도권	부모님 / 학원 선생님	아이 (자기 계획→실행→자기 점검)

를 활용해서 공부한다는 점입니다. 이 온라인 콘텐츠에는 칸아카데미와 같은 교육용 애플리케이션, EBS 교육방송과 같은 인터넷 강의, 아이스크림 홈런 같은 스마트 기기 학습, 줌과 같은 실시간 쌍방향 수업이 포함됩니다. 다양한 온라인 콘텐츠를 제대로 활용하기만 하면 아이의 수준에 맞춰 효과적으로 학교 수업을 보충, 선행할 수 있습니다.

랜선 공부법이 성공하려면 아이에게 맞는 온라인 콘텐츠를 골라야 합니다. 아이마다 성향이 달라 어떤 콘텐츠가 좋고 나쁘다고 말할 수는 없습니다. 아이에게 맞는 선생님이 있고 그렇지 않은 선생님이 있는 것처럼, 아이에게 맞는 콘텐츠와 그렇지 않은 콘텐츠가 있습니다.

같은 유형의 콘텐츠라고 해도 주제에 따라서 아이의 호감도가 갈리기도 합니다. 그래서 새로운 유형의 온라인 콘텐츠를 시도할 때는 아이가 좋아하는 주제로 시작해보는 것이 좋습니다. 예를 들어 EBS 교육방송과 같은 인터넷 강의 형태를 처음 도전할 때 한국사를 좋아하는 아이라면 한국사 강의부터 시범적으로 듣게 해보는 것입니다.

둘째, 랜선 공부법은 예습, 본 수업, 복습의 3단계 공부로 실력을 다집니다. 온라인 콘텐츠로 공부하다 보면 수동적으로 학습에 참여하는 경우가 생깁니다. 온라인 콘텐츠를 능동적으로 공부하려면 예습이 필수입니다. 예습은 온라인 학습을 통해서 내가 무엇을 배울지 알아내는 과정입니다. 개념 강의를 듣는다면 개념 설명 부분을 한번 읽어보는 겁니다. 문제 풀이 강의를 듣는다면 문제를 모두 풀어보고 채점을 마치면 됩니다. 예습을 마치면 수업에 몰입하기가 쉽습니다.

다음으로 본 수업을 몰입해서 공부하는데, 이때 가장 쉬운 방법은 적으면서 공부하는 것입니다. 이미 아는 내용이더라도 선생님의 말씀을 메모하면 교재를 자신만의 참고서로 만들 수 있습니다. 이런 과정이 습관화되면 중학교에서 내신 성적을 잘 받는 데 큰 도움이 됩니다.

마지막 복습 단계는 그날의 수업 내용을 다시 읽으면서 공부하는 것입니다. 학습 내용을 주기적으로 반복하면서 익히면 장기기억에 저장되기 때문에 체계적인 복습 계획이 중요합니다.

셋째, 랜선 공부법은 학생이 학습 주도권을 가져갑니다. 랜선 공부 중에는 선생님과의 상호작용이 대면 수업보다 부족해 아이 스스로 자제력을 발휘해야 합니다. 아이들은 자신이 선택한 공부라는 느낌이 들면 학습에 더 집중합니다. 어떤 학습 콘텐츠를 얼마나 공부할지 의논할 때 부모님은 조언자가 되고 최종 결정은 아이가 하도록 하는 게 좋습니다. 자기 점검표를 통해 스스로 자신의 학습 상황을 점검하고 평가하도록 하면 아이들이 조금씩 자신의 행동을 조절해나갑니다.

학습 주도권이 학생에게 주어지면 학습 습관이 잘 잡혀 랜선 공부법의 효과가 올라가고 장기적으로 성공하는 학습자가 될 수 있습니다. 처음부터 학습 주도권을 아이가 가져갈 수는 없습니다. 학습 주도권은 오랜 시간에 걸쳐 자리 잡는 것이기 때문에 처음부터 아이에게 큰 기대를 하면 부모님과 아이 모두에게 상처가 될 수 있습니다. 쉬운 것부터 하나씩 해나가세요.

공부의 주인이 되는 3단계

온라인 콘텐츠 활용, 3단계 공부법, 학습 주도권과 같이 랜선 공부법에는 3가지 특징이 있습니다. 처음부터 이 3가지 구성 요소를 모두 갖춘 랜선 공부를 하려고 애쓰기보다는 먼저 온라인 콘텐츠 활용에 집중하는 것이 좋습니다. 이 시기는 온라인 콘텐츠가 공부의 도구라는 것을 인식하는 단계입니다. 2개월 정도 시간을 두고 랜선 공부에 적응할 수 있도록 해주세요.

그다음은 3단계 공부법을 실천하는 것입니다. 4개월 이상 부모님과 함께 랜선 공부의 계획을 세우고, 스스로 점검하는 연습을 하게 해주세요. 마지막으로 아이의 학습 주도권을 키우면 완성입니다. 아이가 3단계 공부법에 익숙해지면 학습 주도권을 아이에게 조금씩 넘겨주세요.

학습 격차 문제를 해결하는 방법으로 부모님들이 쉽게 떠올리는 것이 학원 수업입니다. 학원 공부의 문제점은 공부의 주도권이 선생님에게 있다는 점입니다. 공부의 방향을 선생님이 정해주고, 채점도 선생님이 하지요.

선생님의 지시를 고분고분 따르는 아이가 되면, 초등학교에서는 좋은 성적을 얻을 수 있습니다. 하지만 자신에게 맞는 공부 방법과 자기 주도성은 키울 수 없습니다. 그래서 많은 초등학교 우등생이 학습 난이도가 높아지고 과목이 늘어난 중학교에서 성적 하락을 경험하게 됩니다.

랜선 공부법은 자기 진단을 통해서 자신에게 필요한 공부가 무엇인지 파악하고, 원하는 콘텐츠를 스스로 찾아내는 것을 목표로 합니다. 얼핏 들으면, 학원 강의를 온라인으로 듣는 것과 별반 차이가 없어 보입니다. 하지만 자기가 공부할 콘텐츠를 스스로 고르고 학습 과정을 스스로 평가하면서 학습에 대한 자기 주도성을 기

1장 처음부터 알아서 공부하는 아이는 없습니다

른다는 점에서 큰 차이를 보입니다. 이 과정을 초등 3학년부터 시작할 수 있습니다. 처음에는 성적 향상이 눈에 띄게 나타나지는 않을 수도 있지만 일찍 시작하면 할수록 효과를 크게 누릴 수 있습니다.

처음부터 학교나 학원의 모든 대면 수업을 끊고 랜선 공부만으로 학습을 진행해나가야 한다는 의미는 아닙니다. 처음에는 대면 수업을 통해 기초적인 기능을 습득하고 아이의 수준에 맞춰 점차 넓혀가는 게 좋습니다. 랜선 공부와 대면 학습이라는 2개의 무기를 모두 가지고 있을 때 학습 효과가 더 클 것이기 때문입니다. 즉 각적인 피드백이 필요한 과목의 경우에는 대면 학습으로 공부하고, 지식 습득과 개념 이해가 필요한 과목은 랜선 공부로 습득하는 것입니다.

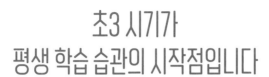

초3 시기가
평생 학습 습관의 시작점입니다

아이들이 잘할 수 있을까?

저는 현재 초등학교 3학년 담임을 맡고 있으며, 반 아이들과 함께 랜선 공부 프로젝트를 진행하고 있습니다. 이 모든 여정은 연서 부모님과의 전화 상담에서 시작되었습니다.

"선생님, 3학년부터 공부가 더 어려워진다는데, 어떻게 해야 할지 모르겠어요."

3학년부터는 갑자기 과목 수가 많아지고 내용도 어려워져서 아이들이 혼란스러워합니다. 결국 그 시기부터 많은 아이가 여러 학원에 다니기 시작합니다. 아이가 자기만의 시간을 가질 수 없음은

1장 처음부터 알아서 공부하는 아이는 없습니다

당연합니다.

"학원에 다녀와서 연서 스스로 공부하는 시간이 있나요?"

"아뇨, 학원 다녀오면 놀기 바쁘죠."

학원에 다녀온 아이는 대부분 텔레비전을 보거나 스마트폰을 보며 시간을 보낼 것입니다. 사실 학원에서 수업을 들을 때는 잘 이해하고 배운 것 같지만 혼자 공부하려고 하면 잘 모를 때가 많습니다. 초등 3학년은 혼자 공부하는 시간을 통해 자신에게 맞는 공부 방법을 익히는 시기입니다. 가장 중요한 것은 스스로 공부하는 습관입니다.

요즘 학생들은 학교 수업도 온라인으로 듣습니다. 처음에는 어려울 수 있지만 제대로 활용하면 무척 효과적인 학습법이 될 수 있습니다. 연서 부모님께 랜선 공부 프로젝트에 아이가 참여하면 좋을 것 같다고 말씀드렸습니다.

"어른도 온라인 수업 듣기가 쉽지 않은데 아이들이 잘할 수 있을까요?"

"요즘에 아이들이 학교 수업도 온라인으로 듣잖아요. 금방 적응할 수 있을 거예요."

부모님은 흔쾌히 동의하셨습니다.

랜선 공부 프로젝트를 시작한 이유

제가 3학년 아이들을 대상으로 랜선 공부 프로젝트를 시작한 이유는 3가지입니다.

첫째, 3학년부터 교과목의 변화가 시작됩니다. 초등학교 1, 2학년에는 교과목이 통합 교과(봄, 여름, 가을, 겨울)와 국어, 수학으로 구성되어 있습니다. 이 시기는 학습을 한다기보다는 학교생활에 적응하고 한글과 기본적인 수 개념을 익히는 것을 목표로 운영됩니다. 이에 따라 대부분의 아이가 큰 어려움 없이 학교 수업을 잘 따라오고, 수준 차이가 그다지 크지도 않습니다.

그러나 3학년부터는 상황이 달라집니다. 이전과 달리 교과목도 여러 개로 나뉘고 내용도 어려워져서 국어, 수학, 사회, 과학, 영어 등의 과목을 배웁니다. 국어 시간에는 이전의 한글 학습에서 더 나아가 중심문장, 보조문장, 높임 표현 등 구체적인 국어 지식을 배웁니다. 수학 시간에는 나눗셈을 배우는데 덧셈, 뺄셈, 곱셈이 능숙하지 않은 아이들은 혼란스러워합니다. 영어 시간에는 알파벳과 파닉스를 익혀야 하지요.

3학년이 되면 처음으로 단원평가를 치르게 됩니다. 단원평가를 보면 공부 습관이 잘 형성된 아이들과 그렇지 못한 아이들의 학습 격차가 드러납니다. 그동안 받아쓰기만 잘하면 되었던 아이들이 단원평가에 실패해서 좌절을 겪습니다. 이런 좌절이 반복되면 점차 학습된 무기력에 빠지기 쉽습니다. 3학년은 학생들이 이런 학습 격차를 느끼지 않도록 지속적으로 관심을 가져야 하는 시기입니다.

둘째, 3학년 시기는 아이들이 부모의 말을 따르는 마지막 기회입니다. 아이마다 다르지만 4학년이면 사춘기에 접어들기 시작합니다. 부모의 조언을 간섭으로 느끼기 쉽습니다. 아이가 점차 부모의 영향력에서 벗어나려고 하고, 또래 집단의 문화에 심취하기도 합니다. 다른 아이들은 모두 집에서 스마트폰을 보면서 노는데 왜 자기만 공부해야 하는지 이해하지 못할 수도 있습니다. 어린 나뭇가지가 모양을 바꾸기 쉽듯이, 초등학교 3학년은 고학년보다 공부 습관을 들이기 쉬운 시기입니다.

3학년이 되면 본능적인 욕구를 참고 규칙을 받아들이는 자기조절 능력이 발달합니다. 1~2학년 때는 선생님이 시키니까 규칙을 지키지만, 3학년부터는 규칙을 지켜야 하는 이유도 알고 규칙이 잘 지켜졌을 때 만족감을 느끼기도 합니다. 3학년 아이들은 학급 규칙을 정하는 일에 아주 적극적으로 참여합니다. 1~2학년보다 자기조절 능력이 좋고 아직 사춘기에 접어들지 않은 3학년이 랜선 공부 습관을 들이기에 좋은 학년이라고 할 수 있습니다.

셋째, 3학년 아이들은 새로운 교육의 흐름을 맞이할 준비가 되었습니다. 2020년 코로나-19 팬데믹 상황에서 온라인 학습을 본격적으로 시작한 시기가 초등 3학년입니다. 교육부에서 판단하기에도 3학년 정도 수준이면 온라인 학습을 시작하기에 무리가 없는 학년으로 판단한 것입니다.

다행히 학교 온라인 수업을 통해 웹사이트에 로그인하는 방법, 영상을 시청하는 방법, 댓글을 다는 방법 등의 기본적인 디지털 리터러시를 배우게 되었습니다. 기본적인 인프라를 가정에 갖추었고, 아이들도 준비가 되어 있습니다. 3학년이라면 도전해볼 필요가 있습니다.

미래 사회에
아이에게 필요한 역량

초등 공부 습관이 평생 성적을 결정합니다

미래형 학습자를 키우는 랜선 공부법은 중고등학교 내신 공부는 물론이고 대학 입시에도 큰 도움이 됩니다. 랜선 공부법에 익숙해지면 굳이 학원 대면 수업을 받을 필요가 없습니다. 내가 편한 시간에 도서관이나 독서실에서 스스로 공부할 수 있기 때문입니다.

입시 외에도 다양한 온라인 학습 플랫폼을 이용하여 세상에 대한 공부를 할 수 있습니다. 네이버커넥트재단에서 운영하는 에드위드(edwith.org)에서는 카이스트, 포항공과대학교와 같은 국내 유명 대학의 강좌를 들을 수 있습니다. 사이트 가입과 수강 신청이 모두 무료이므로 듣고 싶은 강의를 자유롭게 들을 수 있습니다.

랜선 공부법은 사교육비를 줄일 수 있습니다. 대학수학능력시험을 대비하기 위한 인터넷 강의는 공공기관 콘텐츠(EBS, 강남구청 인터넷 수능방송)와 사교육 콘텐츠(대성마이맥, 메가스터디, 스카이에듀, 이투스 등)로 나뉩니다. 공공기관에서 제공하는 콘텐츠들은 무료이거나 매우 저렴한 가격에 제공되고, 사교육 콘텐츠들도 대면 수업보다 저렴한 가격대에 제공됩니다. 온라인 학습을 통해 가계에 무리를 주지 않으면서도 효과적으로 내신 성적과 대학 입시를 준비할 수 있습니다.

온라인 수업에 이렇게 다양한 장점이 있는데도 지금까지 대면 수업만큼 활용되지 못한 이유는 무엇일까요? 수업을 켜두고 잠을 자거나 다른 사이트를 보는 경우도 있는 만큼 학생 스스로 자제력을 발휘하기 어렵기 때문입니다.

자제력은 오랜 기간 연습이 중요합니다. 대입을 향해 전력 질주해야 할 고등학교 시기에 그동안 남이 시키는 학원 공부를 주로 하던 학생들이 온라인 수업으로 공부 방법을 전환하면 어떻게 될까요? 단기간에 자제력을 기르거나 혼자 공부하는 습관을 지니기도 어려울 뿐 아니라 하루하루가 소중한 시기에 자칫 여러 날을 낭비할 수 있습니다. 초등학교 시기부터 랜선 공부법을 실천하여 스스로 공부하는 습관을 차근차근 들인 아이들만이 온라인 수업을 제대로 활용하고 성적을 높일 수 있습니다.

미래에 필요한 역량을 길러주세요

이미 교육의 흐름은 달라지고 있습니다. 단순히 학교나 학원 수업만 듣는 시대는 지났습니다. 미래 사회는 새로운 역량을 요구하고 있습니다. 앞으로 우리 아이들은 어떤 미래를 살게 될까요?

"모든 지식에는 유효 기간이 존재한다"는 말이 있습니다. 사회의 변화 속도는 점점 더 빨라지고 있습니다. 미래학자인 벅민스터 풀러는 인류의 지식 총량은 100년마다 두 배씩 증가해왔지만 1990년대부터 25년, 2018년은 13개월로 줄어들었다고 합니다. 새로운 지식이 폭발적으로 증가하면서 기존 지식의 유효 기간도 더욱 짧아질 가능성이 커진 것입니다.

미래 사회의 정보는 대부분 인터넷을 통해서 전달될 것입니다. 학교와 같은 정규 교육은 지식의 변화 속도를 따라갈 수 없습니다. 졸업과 동시에 학교에서 배운 학문이 쓸모없어지는 시기가 도래했기 때문입니다. 학교에서 가르치던 지식은 온라인 콘텐츠로 개발되어 언제 어디서든 학습할 수 있습니다.

최고의 콘텐츠는 이미 인터넷에 있습니다. 사람들이 인터넷을 학습 도구로 제대로 활용하지 못할 뿐입니다. 랜선 공부를 위한 초고속 인터넷망, 스마트 기기와 같은 도구는 보급되었지만, 이를 제대로 수용할 수 있는 문화가 형성되지 않은 것입니다.

인터넷에 있는 최고의 콘텐츠를 활용하려면 자신의 수준과 성향에 맞는 콘텐츠를 선택하기, 한번 시작한 콘텐츠는 끝까지 완수하기, 콘텐츠를 시청하는 수준을 넘어서 몰입을 통해 제대로 학습하기와 같은 학습자의 역량이 필요합니다. 이 역량은 단기간에 갖추어지지 않습니다. 특히 인터넷과 스마트 기기를 놀이의 도구로만 활용했던 아이들은 더욱 랜선 공부 역량을 키우기 어렵습니다.

랜선 공부법은 나에게 필요한 온라인 콘텐츠를 스스로 결정하고 이를 활용하여 자기 주도적으로 학습하는 방법입니다. 먼저 부모와 함께 공부할 콘텐츠를 결정하는 과정을 통해서 자신의 부족한 점과 자신에게 필요한 부분을 찾는 과정이 필요합니다. 학생들은 온라인 학습 과정에서 스스로 점검하고 반성하면서 점차 자기 주도적인 학습자로 변하게 됩니다. 초등 시기부터 랜선 공부법을 실천한 아이들은 인터넷 학습 능력을 키워 미래 사회를 이끌어나갈 것입니다.

랜선 공부,
이렇게 해보세요

랜선 공부 성공의 열쇠

"EBS 강의가 좋다고 해서 집에서 보여줘도 영상을 틀어놓고 딴 짓을 하거나 지루해하더라고요. 그래서인지 공부 효과도 없는 것 같아서 그냥 문제만 풀게 했어요."

부모님들께 랜선 공부법을 추천해드리면 자주 듣는 이야기입니다. 어른들도 인터넷으로 무엇인가를 배워보겠다며 신청해두었다가 마감 기한이 닥쳐서야 몰아서 강의를 듣는 마당에 아이들이 인터넷 강의를 스스로 효과적으로 듣기는 어렵지요.

아이가 싫어하는데도 억지로 강의를 듣게 하면 아이는 랜선 공부에 대한 흥미를 잃고 결국 인터넷으로는 공부를 할 수 없는 아이가 됩니다. 랜선 공부, 어떻게 해야 성공할 수 있을까요?

저희 반 아이들과 함께한 랜선 공부 프로젝트도 처음부터 잘되지는 않았습니다. 하루에 25분 정도의 〈EBS 만점왕〉 강의 영상을 두 편 시청하면서 긴 시간 동안 집중을 해야 했습니다. 자연스럽게 아이들은 다른 생각에 빠졌습니다. 국어, 수학, 사회, 과학을 모두 공부했는데 너무 쉬운 문제들이 반복되어 집중력을 잃기도 했습니다.

프로젝트 초반에는 공부 계획을 세우는 것도 담임 교사인 제가 직접 했습니다. 아이들은 제가 세운 계획에 따르기만 했습니다. 자연스럽게 아이들의 자기 주도성을 키우기는 어려웠지요. 결국 지루함을 견디지 못한 아이들이 중도 하차하게 되었고, 저도 아이들의 소중한 시간을 빼앗는 것은 아닌가 하는 좌절을 느꼈습니다.

하지만 여전히 랜선 공부 프로젝트에 참여하고 싶어 하는 아이들이 있었기에 용기를 내어 업그레이드된 랜선 공부 프로젝트 시즌 2를 시작할 수 있었습니다. 우선 아이들이 공부하고 싶은 콘텐츠를 직접 고르도록 했습니다.

공부 계획도 아이들과 함께 정했습니다. 프로젝트 시즌 1에서는 두 편의 강의를 소화하기 위해서 본 수업뿐 아니라 예습·복습도 빡빡한 일정으로 진행했다면, 시즌 2에는 하루에 시청하는 강의를 한 편으로 줄이면서 예습과 복습이 쉬워졌습니다. 그 대신, 강의를 보는 도중에 영상을 멈추고 대화하기, 하교 미션 문제 풀기와 같은 활동을 마련했습니다. 다행히 변화된 랜선 프로젝트가 진행되면서 아이들의 집중력은 몰라보게 좋아졌고, 저도 랜선 공부가 아이들에게 도움이 된다고 확신하게 되었습니다.

랜선 공부 프로젝트 시즌 1과 시즌 2를 겪으면서 느낀 랜선 공부의 필수요소는 학습 방법의 습관화, 개별화된 학습 콘텐츠 활용, 높은 자기 주도성입니다.

학습 방법의 습관화	개별화된 학습 콘텐츠 활용	높은 자기 주도성
공부 계획 예습, 본 학습, 복습 배움과 익힘의 균형	수준별 맞춤 콘텐츠 성향별 맞춤 콘텐츠 시기별 맞춤 콘텐츠	학습 동기 자기조절 능력 학습 환경

학습 방법 습관화하기

랜선 공부가 성공하려면 그에 맞는 학습 방법을 실천해야 합니다. 아무리 많은 인터넷 강의를 들어도 수동적으로 보기만 했다면 시간만 버리는 셈입니다. 주체적으로 온라인 학습에 참여하고, 자연스럽게 반복할 수 있도록 습관화하는 방법은 3가지로 정리할 수 있습니다.

첫째, 학습 목표와 계획을 분명히 세워야 합니다. 학습 효과를 높이기 위해서는 목표 설정이 중요합니다. 목표가 있는 사람은 목표를 달성하기 위해 노력하고, 달성한 후에 오는 벅찬 감정을 느낄 수 있습니다.

닥치는 대로 최선을 다하겠다는 일반적인 목표를 가진 학생보다 오늘 공부해야 할 부분을 정하고 이를 달성하는 기쁨을 알아가는 학생들이 공부를 더 잘합니다. 자신이 과제를 능숙하게 수행하고 있다는 것을 알게 되면 자기 효능감이 향상되어 학습 효과를 높이기 때문입니다. 매일 꾸준히 실천할 수 있고, 성공 여부를 확실하게 알 수 있는 목표를 세우는 것이 랜선 공부의 첫 번째 필수 요소입니다.

둘째, 랜선 공부는 예습, 본 학습, 복습으로 이루어지는 3단계 공부를 기본으로 합니다. 예습은 배울 내용에 대한 뼈대를 만드는 과정입니다. 랜선 공부는 선생님과 상호작용이 원활히 일어나지 않기 때문에 학습 내용을 사전에 충분히 숙지할 필요가 있습니다.

본 학습은 예습을 통해 만든 뼈대에 살을 붙이는 과정입니다. 본 학습에서는 선생님이 말하는 강조점들을 메모하면서 공부해야 합니다.

복습은 본 학습에서 만들어진 덩어리에 세부 사항을 더하는 과정으로 비유할 수 있습니다. 내가 몰랐던 것과 가장 중요한 것들을 배움공책에 정리하며 공부를 마무리하는 것이죠. 대부분 학생이

1장 처음부터 알아서 공부하는 아이는 없습니다

인터넷 강의를 시청한 것으로 공부를 다했다고 느낍니다. 새로운 내용을 한번 듣고 이해하는 사람은 거의 없으니 반복 학습이 필요합니다.

셋째, 배움과 익힘의 균형을 잡아야 합니다. 학습은 배우고 익힌다는 뜻입니다. 인터넷 강의를 통해서 배웠다면 반드시 스스로 익혀야 합니다. 문제 만들기, 문제 풀기, 백지에 스스로 써보기 등과 같이 스스로 익히는 시간이 필요합니다.

사람은 최소한의 인지적인 노력을 들여서 학습 효과를 내고 싶어 합니다. 하지만 운동을 하지 않으면 몸의 근육이 빠지듯 뇌도 게을러지면 학습 능력이 저하됩니다. 번거롭더라도 편하게 듣기만 하는 공부가 아니라 스스로 익히는 공부 시간을 가져야 합니다.

개별화된 학습 콘텐츠 활용하기

모든 아이에게 똑같은 성과를 내는 학습 방법은 없습니다. 다른 아이에게 잘 맞는 온라인 수업이 우리 아이에게는 적절하지 않을 수도 있습니다. 랜선 공부 콘텐츠는 학습자에 따라 달리 활용해야 합니다.

첫째, 자신의 수준에 맞는 랜선 공부 콘텐츠를 활용해야 합니다. 저는 아이들의 수준을 4단계로 나눕니다. 학교 수업을 제대로 받기 위한 준비 단계인 기초 단계, 학교 수업의 개념을 파악하게 된 기본 단계, 학교 수업의 개념을 활용할 수 있는 응용 단계, 장기적인 학습 저력을 키우는 심화 단계입니다.

각 단계에 맞게 아이들이 활용할 수 있는 랜선 공부 콘텐츠가 다릅니다. 예를 들어 수학에 자신 있는 아이라면, 『EBS 초등 만점왕 수학 플러스』를 활용하고, 그마저도 쉬운 경우 『디딤돌 최상위 수학』을 활용하는 것이 좋습니다. 이런 아이들이 『EBS 초등 기본서 만점왕 수학』을 풀고 강의 영상을 보게 되면 금방 흥미를 잃어버리게 됩니다.

둘째, 아이의 성향에 맞는 콘텐츠를 활용해야 합니다. 아이의 성향에 맞지 않는 온라인 콘텐츠는 오히려 공부에 방해가 되기도 합니다. 예를 들면 학교 지도서와 학습 구성이 거의 같은 '아이스크림 홈런'과 같은 콘텐츠로 예습하면 학교 수업에 집중하지 못하는 아이들도 있습니다. 비슷하게 반복되는 학습 내용으로 인해 학교 수업에 지루함을 느끼기 때문입니다. 같은 내용을 여러 번 복습하며 익히기를 좋아하는 아이에게는 적절하지만, 평소 복습을 힘들어하고 새로운 정보를 익히기 좋아하는 아이에게는 적절하지 않습니다.

셋째, 랜선 공부 콘텐츠를 적절한 시기에 사용해야 합니다. 학기 중에 〈EBS 만점왕〉으로 국어, 수학, 사회, 과학 과목을 공부하면 어떻게 될까요? 국어 강의만 해도 개념편 27강, 문제편 30강 총 57강으로 구성되어 있습니다. 이렇게 공부하면 과목당 공부 내용이 너무 많아서 랜선 공부를 즐길 수 없을 것입니다. 또 수학 사고력, 국어 문해력, 영어 독해력과 같이 장기간에 걸쳐 키워야 하는 학습 저력을 키울 시간이 없을 것입니다.

학기 중에는 『EBS 초등 만점왕 단원평가』로 학교 공부를 잘 따라가는지 점검하는 것이 좋습니다. 학기 말에 그동안 공부한 단원평가의 결과를 본 뒤 지난 학기 복습을 할지 다음 학기 예습을 할지 정하면 됩니다. 〈EBS 만점왕〉은 비교적 시간이 많은 방학 때 지난 학기 보충이나 다음 학기 예습으로 사용하는 것이 좋습니다.

자기 주도성 키우기

랜선 공부의 지속적인 성공을 위한 열쇠는 자기 주도성에 있습니다. 자기 주도성은 학습 태도에 직접적인 영향을 미칩니다. 대면 수업의 경우 선생님이 곧바로 반응할 수 있기 때문에 자기 주도성이 낮아도 학습 태도를 고칠 기회가 많습니다. 하지만 랜선 공부를 하다 보면, 자세가 흐트러지고 집중력이 낮아지기 쉽습니다. 집중력이 낮아지면 당연히 학습 효과가 낮아집니다.

학습 태도가 좋지 않다면 그 원인을 파악해야 합니다. 나쁜 학습 태도의 원인으로는 학습 동기의 저하, 자기조절 능력의 결여, 부적절한 환경을 들 수 있습니다.

첫째, 학습 동기를 제대로 키워야 합니다. 대부분 학습 동기가 제대로 형성되지 않은 이유는 적절한 보상 계획을 세우지 않았기 때문입니다. 학습 동기를 높이려면 적절한 보상이 필요합니다.

흔히 학습 동기를 내재적 동기(호기심, 흥미 등 스스로의 욕구)와 외재적 동기(칭찬, 처벌 등 외부의 환경)로 나누고 내재적 동기는 좋은 것, 외재적 동기는 나쁜 것이라고 생각하기 쉽습니다. 그러나 외적인 보상을 한다고 해서 무조건 더 큰 보상을 바라는 심리가 생기는 것이 아닙니다. 외적 보상을 어떻게 받아들이게 하느냐에 따라서 학습 동기가 더 잘 일어나기도 합니다. 혼자 랜선 공부를 할 때 적절한 보상을 받지 않고 고행하듯 공부하면 공부를 지속하기 힘듭니다.

둘째, 자기조절 능력을 키워야 합니다. 자기조절 능력은 랜선 공부 중에 오는 많은 유혹을 이겨내게 합니다. 유혹이 올 때마다 스스로 자신을 모니터링할 수 있어야 랜선 공부가 지속됩니다. 모니터링은 자신의 행동을 지속적으로 관찰하고 점검하는 것입니다.

성인이라면 이런 활동을 무의식적으로 할 수 있겠지만, 아이들은 의식적인 장치가 있어야 합니다. 그래서 필요한 것이 자기 점검표입니다. 자기 점검표로 자신을 점검하다 보면 자신에게 부족한 부분을 알게 되고, 그 부분을 집중적으로 개선해나가게 됩니다.

셋째, 제대로 된 학습 환경을 만들어야 합니다. 환경에는 물리적 환경과 인적 환경이 있습니다. 물리적인 환경은 말 그대로 공부방의 환경을 말합니다. 깨끗하게 정돈된 책상은 주의집중력이 분산되는 것을 막아줍니다.

인적 환경이란 아이들을 둘러싸고 있는 사람들, 즉 친구와 가정을 말합니다. 아무리 좋은 공부도 혼자 하다 보면 긴장의 끈을 놓칠 가능성이 큽니다. 다른 친구들과 함께 공부하면서 때로는 서로 경쟁하고, 때로는 서로 격려하면 공부 효율을 더 높일 수 있습니다.

가족들 역시 큰 역할을 합니다. 노벨 과학상 수상자들의 부모 직업 중 대학 교수의 비율이 높다고 합니다. 부모의 성취에 기반을 둔 모델링이나 포부 수준이 자녀의 성취에 큰 영향을 주는 것이지요. 아이들이 변화하기 위해서는 부모님도 자녀 교육에 관심을 두고 함께 변화해야 합니다.

공부력을 키우는 부모의 소통법 ①

칭찬에도 기술이 있습니다

아이들은 선생님에게 인정받고 싶어 합니다. 자기가 만든 미술 작품을 수업 중간에 뜬금없이 가져와 보여주기도 하고, 자신이 잘한 일을 맥락 없이 이야기하기도 합니다. 그럴 때 저는 웃으면서 칭찬해줍니다. 선생님에게 인정받은 아이들은 그날만큼은 어려운 일에도 즐겁게 도전하기 때문입니다.

가정에서도 마찬가지입니다. 아이를 양육하는 주체인 부모의 인정은 아이의 심리적 안정에 절대적인 요소입니다. 편한 마음은 작업 기억에 영향을 미쳐 학습 효율을 높이고, '할 수 있다'는 자기 효능감을 높여서 더 진취적인 아이가 되도록 합니다.

몇 해 전 '칭찬의 역효과'를 주제로 한 EBS 다큐멘터리가 화제가 된 적이 있습니다. 섣부른 칭찬이 아이의 학습 태도와 능력에 안 좋은 영향을 줄 수 있다는 내용입니다. 유난히 칭찬에 인색한 한국 문화에 이런 다큐멘터리의 영향까지 더해져 우리는 칭찬을 주고받는 것이 어색해졌습니다. 칭찬을 자주 하지 않으니 칭찬을 제대로 하는 방법도 잊게 되었습니다.

코로나-19로 온라인 학습이 길어지면서, 선생님이 담당하던 학습 피드백을 부모들이 해야 하는 경우가 많아졌습니다. 부모의 적절한 피드백을 받은 아이들은 순조롭게 앞으로 나아가지만, 그렇지 않은 아이들은 제자리걸음을 하기 쉽습니다. 다음은 아들과 엄마의 대화 예시입니다.

"엄마, 저 오늘 수학 단원평가에서 1개 빼고 나머지는 다 맞았어요!"
칭찬 1: "잘했어. 틀린 문제는 어떤 거야? 계산 실수구나. 그래도 잘했어."
칭찬 2: "잘했어. 뭐 갖고 싶어? 엄마가 사줄게."
칭찬 3: "잘했어. 우리 아들은 역시 똑똑하네."
칭찬 4: "열심히 공부하더니 좋은 결과를 받았구나. 엄마가 정말 행복하다. 노력해줘서 고마워."

이 중 어떤 것이 가장 올바른 칭찬이라고 생각하시나요? 눈치 채셨겠지만, '칭찬 4'가 가장 좋은 칭찬입니다. 아래에서 설명할 칭찬의 기술 4가지를 모두 갖추었기 때문입니다.

칭찬의 4가지 기술

첫째, '잘했다' 대신 '고맙다'라고 말해주세요

'잘했다'라는 말에는 아이의 결과를 보고 평가하는 마음이 숨어 있습니다. 아이의 행동은 마치 동전의 양면과 같아서 잘한 일이 있으면 반드시 잘하지 못한 일도 있습니다. 부모가 행동의 결과로 평가한다는 것을 알게 되면, 아이는 잘한 일은 드러내고 잘하지 못한 일은 숨기게 됩니다. '잘했다'라는 말 대신 '고맙다'라고 말하면 아이는 행동의 결과에 대한 인정보다는 온전히 자신이 인정받는 느낌을 받습니다.

평소 우리는 다른 사람에게 도움을 받았을 때 '잘했다'가 아니라 '고맙다'라고 이야기합니다. '잘했다'는 수직적 관계에서 사용하는 말인 반면, '고맙다'는 수평적인 관계에서 하는 말입니다. 아이와 부모 사이에서도 양방향의 자유로운 소통을 이어주는 수평적 관계가 친밀한 관계를 형성하는 데 도움이 됩니다.

둘째, 재능보다 노력을 칭찬해주세요

아이가 지닌 역량과 잠재력을 충분히 발휘하기 위해서는

적절한 재능과 큰 노력이 필요합니다. 재능과 달리 노력은 아이가 조절하기 쉬운 영역입니다. 자신의 재능을 칭찬받은 아이들과 노력을 칭찬받은 아이들의 반응은 다릅니다.

'똑똑하다'나 '머리가 좋다'처럼 재능을 칭찬받은 아이들은 좋은 결과를 좋은 재능과 연결합니다. 이런 칭찬의 문제점은 안 좋은 결과를 받았을 때 드러납니다. 안 좋은 결과를 받으면 아이는 자신이 재능이 없다고 생각합니다. 재능은 아이가 어쩔 수 없는 부분이기 때문에 다음에 더 좋은 결과를 얻고자 노력하기보다는 포기할 가능성이 큽니다.

반면 노력을 칭찬하면, 아이는 좋은 성과의 원인을 노력이라고 생각합니다. '노력하면 되는구나!'라고 생각하고 다음에도 좋은 성적을 받기 위해 더 열심히 준비하고 행동하게 됩니다.

셋째, 물질적인 보상보다는 사회적인 인정을 주세요

물질적인 보상을 받으면 아이들은 그 순간만큼은 좋아합니다. 그리고 또 보상을 받기 위해 적극적으로 노력하기도 합니다. 그런데 이런 물질적 보상의 문제점은 점점 더 큰 보상을 기대한다는 것입니다. 기대했던 선물에 미치지 못한 선물을 받으면 아이들은 더 노력할 동력을 잃게 됩니다.

점점 더 강한 자극을 원하게 만드는 물질적인 보상보다

는 사회적인 인정을 주는 편이 더 낫습니다. 부모가 아이의 노력과 존재를 인정해주면 아이는 행복감을 느낍니다. 일시적이고 자극적인 보상이 아니라 진정한 기쁨과 쾌감을 느끼게 해주세요.

넷째, 잘한 점을 구체적으로 언급해주세요

'칭찬 1'은 '잘했어'가 두 번이나 들어 있어 칭찬인 것 같지만, 칭찬이라고 할 수 없습니다. 맞은 문제보다 틀린 문제 하나에 집중하기 때문입니다. 어른의 눈에 보이는 아이는 부족함이 많기 마련입니다. 그것을 일일이 짚어내면 아이는 자신감을 잃고 부족한 부분에 주목해 마음에 두려움이 자리 잡기 쉽습니다. 아이들 역시 자신감을 가지고 과제를 해결해나가지 못합니다. 아이의 성과물은 아이가 최선을 다해 만들어낸 결과입니다. 아이의 성과물에서 잘된 부분에 집중해주세요.

표정과 몸짓으로도 칭찬해주세요

칭찬은 언어적인 표현뿐만 아니라 비언어적인 표현으로도 전달됩니다. 때로는 칭찬하는 사람의 표정과 몸짓이 마음을 더 잘 전달하기도 합니다. 아이들은 어른들이 하는 말이 진심인지 아닌지를 바로 눈치챕니다. 말은 꾸며내서 할 수 있지만, 표정과 몸짓은 꾸며내기 어렵습니다. 표정과 몸짓을 꾸며내기 어려우니 우리가 할 수 있는 것은 아이에게 정말 기뻐하는 마음을 갖는 것일지도 모르겠습니다.

막상 칭찬하려고 아이를 보면, 칭찬할 거리를 찾기가 쉽지는 않습니다. 저 역시 저희 집 아이의 단점만 눈에 보입니다. 매일 보는 가구처럼 아이의 일상이 우리에게 익숙하기 때문일 것입니다.

보는 사람의 관점에 따라 장점이 단점으로 보이기도 하고, 단점이 장점으로 보이기도 합니다. 꼼꼼한 아이는 때로는 소심하다는 이야기를 듣습니다. 대범한 아이는 때로는 과격하다는 이야기를 듣기도 합니다. 이처럼 아이의 성격은 시각과 환경에 따라 장점이 되기도 하고 단점이 되기도 합니다. 칭찬할 거리가 없는 게 아니고 내가 부정적인 측면을 보고 있는 게 아닌지 돌아봐야 합니다.

2장

스스로 공부하는 아이로 키우는 7가지 원칙

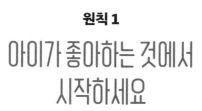

원칙 1

아이가 좋아하는 것에서 시작하세요

아이가 원하는 배움이 공부의 시작점

랜선 공부를 시작할 때는 아이가 원하는 공부에서부터 시작해야 합니다. 자신이 관심 있는 분야를 공부할 때 학습 동기가 높아지기 때문입니다. 아이가 원하지 않는 공부부터 시작하면 흥미를 느끼기 어렵고, 랜선 공부에 부정적인 정서를 지니게 됩니다. 아이들의 흥미도가 높은 분야가 랜선 공부 습관을 키우는 좋은 시작점이 됩니다.

어느 날, 저희 반에서 성실한 태도를 보이는 은수의 어머니께서 상담 시간에 걱정스러운 목소리로 말씀하셨습니다.

"선생님, 저희 은수가 집에서 공부하는 것을 힘들어해요."

학교에서는 수업 시간에 집중도 잘하고 성적도 늘 상위권인 은수가 집에서는 공부를 힘들어한다는 말에 저는 깜짝 놀랐습니다.

"그렇군요. 혹시 공부하는 시간은 얼마나 되나요?"

"시간은 정해져 있지 않고 매일 해야 할 것들만 정해져 있어요. 학교 끝나고 영어 학원에 다녀오면 수학 문제집을 풀어요. 그리고 매일 국어 학습지를 풀면서 독해 연습을 하고 있어요."

어머니의 이야기를 들으니 은수가 공부를 힘들어하는 이유를 짐작할 수 있었습니다. 공부의 양이 많았습니다. 공부할 과목이나 범위는 어머님이 정해주셨고, 은수는 어머니가 시키는 것을 잘 따른다고 했습니다.

물론 부모님의 말씀에 순응하고 잘 따르는 아이도 있습니다. 하지만 일방적으로 부모님이 과목과 범위를 정하면 아이가 공부에 흥미를 잃거나 소극적인 태도를 보이기 쉽습니다. 자기가 진짜 원하는 공부가 아니라 남이 시켜서 하는 공부만 하게 되니 공부의 재미를 잃는 것이죠.

저는 공부의 양을 조금 줄이고 은수가 하고 싶어 하는 공부를 해보도록 권유했습니다.

"그러면 아이가 좋아하는 과목에만 치우쳐서 제대로 공부가 안 될 것 같은데 괜찮을까요?"

"네, 오히려 공부에 자신감을 얻고 흥미를 느끼게 될 거예요."

며칠 후 은수는 랜선 공부 프로젝트에 지원했습니다. 프로젝트에서는 은수가 공부하고 싶은 내용을 스스로 골라 탐구해보도록 했습니다. 이제 매일 랜선 공부 프로젝트가 끝나고 나면 은수는 "선생님, 오늘 너무 재미있었어요"라며 밝게 인사하고 돌아갑니다. 일기에도 오늘 랜선 공부 프로젝트가 너무 재미있었다고 적을 때가 많습니다. 은수의 생활 태도가 밝아진 것은 물론 성적도 크게 올라 어머니도 만족하셨습니다.

지난 1년여 간 저희 반 학생들과 랜선 공부 프로젝트를 하며 온라인으로 다양한 체험 학습을 진행했습니다. 단순히 자리에 앉아 교과서만으로 공부하는 것에서 벗어나, 학생들이 관심 있어 하고 좋아하는 분야를 접할 수 있도록 했습니다. 수채화 전문 선생님을 줌으로 초대해서 수채화 그리기 체험도 진행했고, 민화 선생님을 모셔서 문자도(文字圖) 그리기 체험도 진행했습니다.

이런 식으로 수업을 진행하니 평소 어떤 수업에도 흥미를 느끼지 못했던 무기력한 아이들도 눈을 동그랗게 뜨고 수업에 집중했습니다. 온라인으로 무엇인가를 배울 수 있다는 것을 알게 된 아이들은 이후 학교 온라인 수업에도 잘 참여합니다.

공부의 4영역

요즘 초등학생들은 학원 공부뿐 아니라 문제집, 학습지와 같은 집 공부를 함께하고 있습니다. 이렇게 하루를 꽉 채워 공부하면 점차 공부에 흥미를 잃게 됩니다. 그렇다고 무턱대고 공부의 양을 줄이면 공부하는 습관을 들이는 데 도움이 되지 않습니다.

공부에 흥미를 느끼고 올바른 습관을 지니게 하려면 불필요한 공부를 줄이고, 아이의 학습 동기를 자극하는 공부를 시작해야 합니다. 과연 어떤 공부가 불필요하고 어떤 공부가 학습 동기를 높일까요? 공부는 '아이가 원하는가?'와 '성적에 도움이 되는가?'를 기준으로 4가지 영역으로 구분할 수 있습니다.

[영역 2] 아이가 원하지만 성적 향상에 도움이 되지 않는다.	[영역 1] 아이가 원하고 성적 향상에 도움이 된다.
[영역 3] 아이가 원하지도 않고 성적 향상에 도움이 되지도 않는다.	[영역 4] 아이가 원하지는 않지만 성적 향상에 도움이 된다.

(세로축: 아이가 원함 / 가로축: 성적 향상을 도움)

랜선 공부를 포함한 모든 공부는 아이가 원하고 성적에도 도움이 되는 '영역 1'부터 순서대로 시작해야 합니다. 원하지 않는 공부를 부모가 시켜서 억지로 하는 아이들은 점차 부모에 반감을 보이게 되고 공부 자체를 싫어하게 됩니다. 먼저 해야 하는 일은 '영역

3'과 같이 아이가 원하지도 않으면서 할 필요가 없는 공부를 빼는 것입니다. 초등 3학년 아이들이 좋아하지도 않고 성적에 도움이 되지도 않는 공부는 어떤 것일까요?

먼저 국어 과목에서 3학년 아이들에게 국어 문제를 반복적으로 푸는 학습은 필요 없습니다. 일반적으로 국어 문제 풀이는 교과 지식을 이해했는지 파악하는 수준으로 단원평가 한두 차례면 충분합니다. 그 이상의 반복적인 국어 문제 풀이는 글을 읽고 사고하는 능력을 키우기보다는 단순히 문제를 푸는 기술을 익히는 작업입니다. 이런 능력은 초등 고학년부터 키워도 늦지 않습니다. 초등 저학년 때부터 국어를 이런 식으로 공부하면, 글을 즐겁게 읽기보다는 빨리 읽어내는 습관만 생깁니다.

글을 빨리 읽는 것이 얼핏 좋은 것처럼 들릴 수도 있습니다. 하지만 빨리 읽는 습관이 자리 잡으면, 글 속에 담긴 깊은 뜻을 제대로 파악하지 못할 수 있습니다. 정보를 제공하는 글을 읽을 때는 배경지식과 연관 지으며 읽어야 하고, 이야기책을 읽을 때는 인물의 감정에 몰입하며 읽어야 합니다. 지나친 국어 문제 풀이는 무조건 빠르게 읽고 핵심만 파악하게 하여 독서에 악영향을 끼칩니다. 즐겁게 책을 읽는 것이 가장 이상적인 국어 공부 방법입니다.

수학의 경우에도 연산만 계속 반복하는 학습은 아이의 실력이

나 성적 향상에 도움이 되지 않습니다. 연산 실력이 나쁘다고 연산 문제집만 여러 번 반복해서 풀면 아이가 수학을 싫어하게 됩니다. 단원평가의 연산 문제에서 실수가 잦은 아이들을 자세히 살펴보면, 단순히 계산 실수가 아니라 기본 개념을 잘못 알고 있는 경우가 대부분입니다. 이때는 그 개념을 다시 공부하고 다잡는 것이 효과적입니다.

같은 덧셈이더라도 받아 올림이 두 번 있는 덧셈과 한 번 있는 덧셈으로 나눌 수 있습니다. 만약 아이가 연산 문제를 자주 틀린다면, 어떤 연산에서 기초가 부족한지 확인해서 그 부분을 집중적으로 연습하게 해주세요. 연산 문제집 전체를 푸는 것보다 어려움을 겪는 연산 문제를 찾아서 집중적으로 공략하면 시간과 노력을 아낄 수 있습니다.

앞서 본 은수의 사례처럼 랜선 공부는 공부 영역 사분면에서 '영역 1'과 '영역 2'에 해당하는 공부에서 시작합니다. 평소 학교 공부를 잘 따라오는 아이라면 '영역 1', 즉 성적에 도움이 되는 공부도 잘 소화해낼 것입니다. 하지만 대부분의 아이는 공부에 도움이 되지는 않지만 자신은 관심이 있는 '영역 2' 공부에만 흥미를 느낍니다. 종이접기, 캐릭터 그리기, 클레이 만들기와 같이 부모가 보기에는 공부라고 부르기 어려운 것들이 여기에 해당합니다.

랜선 공부에서 실제 공부로

아이가 관심을 보이고 재미있어하는 분야를 더 깊이 배우고 재능으로 키워줄 수 있는 랜선 콘텐츠를 몇 가지 소개하겠습니다. 소프트웨어를 배우고 싶은 아이들은 엔트리(playentry.org)를 통해서 프로그래밍을 배울 수 있습니다. 엔트리는 네이버커넥트재단에서 운영하는 비영리 소프트웨어 교육 플랫폼입니다. 엔트리 홈페이지에 접속하여 학습하기를 클릭하면, 간단한 실습을 통해서 게임 형태로 기본 프로그래밍을 배울 수 있습니다.

온라인 라이브 플랫폼인 꾸그(gguge.com)에는 과학, 미술, 음악, 운동 등 아이들이 흥미를 느끼는 다양한 분야의 수업이 개설되어 있습니다. 1회 15,000원 정도로 저렴한 편이고, 인터넷 동영상 강의 형태가 아니라 실시간 쌍방향으로 수업이 이루어져 랜선 공부를 처음 시작하는 아이들에게도 적절합니다.

평소 아이들이 즐겨 이용하는 유튜브에서도 적절하고 유익한 랜선 공부 콘텐츠를 찾아서 다양하게 활용할 수 있습니다. 다만, 한 가지 유의할 점은 과도한 몰입을 경계해야 한다는 것입니다. 유튜브는 사용자가 좋아할 만한 영상을 계속해서 추천하는 기능이 있기 때문입니다. 유튜브 영상 추천을 차단하는 구글 확장 프로그램을 추가하여 영상을 보는 데 너무 많은 시간을 보내지 않도록 조정해주세요.

유튜브로 학습할 때는 영상만 시청하는 것보다는 결과물을 만들어내도록 해야 아이들의 성취감을 높이고 학습 효과가 높아집니다. 예를 들어 동영상 편집 애플리케이션 사용법을 유튜브로 시청하고 이를 활용해서 동영상을 만들어보게 하는 식입니다. 캐릭터 그리는 방법을 유튜브에서 배웠으면 실제로 그리고, 종이접기를 배웠으면 실제로 종이접기를 해보는 것처럼 말이지요.

영상 시청으로 학습을 끝내지 말고 현실 세계에서 새로운 것에 도전하는 계기로 만들어보세요. 그렇지 않으면 멍하니 영상만 보게 되는데, 그때는 뇌의 극히 일부분만 활성화됩니다. 하지만 영상을 보면서 실제로 종이접기를 하고 그림을 그리면 뇌의 다른 부분도 활성화됩니다.

랜선 공부는 아이들에게 익숙한 대면 수업과는 다른 공부 방법이기에 처음에는 이를 익히는 데 시간이 필요합니다. 독서 능력이 부족한 아이라면 우선 흥미에 맞는 책부터 읽어야 합니다. 아이가 흥미를 느끼는 주제부터 시작하면 부족한 책 읽기 능력을 극복해가면서 계속해서 도전해나가기 때문이지요. 같은 원리로 랜선 공부도 아이의 흥미에 맞는 수업부터 시작해야 합니다. 자기가 정말 알고 싶어 하는 온라인 수업을 듣는 아이들은 랜선 공부를 학습의 도구로 인식하게 되고, 랜선 공부 방법을 암묵적으로 익히게 됩니다.

계획을 잘 세우는 아이가 공부도 잘합니다

스스로 공부의 첫 단추는 계획 세우기

아이가 스스로 공부하기를 바란다면 우선 부모님의 손길을 조금씩 거두어야 합니다. 공부에 지치거나 공부를 싫어하는 아이는 대부분 부모님이 시키는 공부를 하고 있습니다. 어떤 문제집을 풀어야 하는지, 어디까지 공부해야 하는지 등등 부모님이 짠 계획에 맞춰 움직이면 공부에 흥미를 느끼기 어렵습니다.

스스로 공부하는 아이가 되는 첫 단추는 공부 계획을 세우는 것입니다. 명확한 공부 계획이 있는 아이는 그렇지 않은 아이보다 공부를 실천할 확률이 높습니다. 공부 목표를 달성하기까지 헤매거나 방황하지 않고 꾸준히 나아가기 위한 공부 계획은 다음과 같은 단계를 거쳐야 합니다.

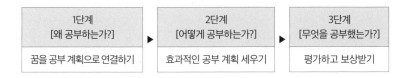

1단계 - 꿈을 공부 계획으로 연결하기

첫째, 꿈을 구체화합니다. 공부 계획 세우기는 아이가 자신의 꿈을 그려보는 것에서 시작합니다. 꿈을 가진 아이들은 공부에 목적의식이 있습니다.

꿈이 목표가 되어야 공부의 원동력을 얻을 수 있습니다. 아이들에게 '너는 꿈이 무엇이니?'라고 물어보면 보통 '변호사, 의사, 유튜버'와 같이 직업을 말합니다. 목표는 이런 꿈의 성취 여부를 알 수 있도록 구체화한 것을 말합니다. '유튜버가 되고 싶다'고 생각하는 아이보다 '10년 후에 구독자 10만 명을 가진 유튜버가 되겠다'는 목표를 지닌 아이가 더 큰 절제력을 발휘합니다.

아이들은 공부 중에 휴대전화를 확인하고 싶은 것과 같은 충동을 느낍니다. 충동을 잘 극복하려면 무엇을 위해서 공부를 하는지 알아야 합니다. 그것이 자신의 내면에서 나온 것일수록 충동을 더 잘 극복합니다. 아이의 꿈이 다소 허무맹랑하고 만족스럽지 않아 보이더라도 아이 스스로 정한 꿈을 믿고 지켜봐주세요.

둘째, 다양한 경험으로 꿈을 찾게 해주세요. 간혹 꿈이 없다는 아이들을 만납니다. 아이에게 꿈이 없는 것은 아직 자신이 좋아하는 것을 찾을 기회를 얻지 못했기 때문입니다. 지금부터라도 경험을 통해서 자신이 좋아하는 것이 무엇인지 확인하는 것이 좋습니다. 자기가 좋아하는 것이 무엇인지 탐색하기 위해서는 직접 경험이 필요합니다.

자신이 하고 싶었던 것들을 실제로 해보고 '어 이게 아닌데?' 하는 실망감을 느낀 적이 있으신가요? 아이들도 똑같습니다. 직접 경험해봐야 내가 진짜 원하는 것이 무엇인지 알 수 있습니다. 이루고 싶은 꿈이 있는 아이들도 직접 경험을 많이 해보는 것이 좋습니다. 아이들의 꿈이 수시로 바뀌는 것은 자연스러운 과정입니다. 그 과정을 거쳐야 진로에 대한 명확한 꿈을 갖게 됩니다.

셋째, 아이 스스로 목표를 세워야 합니다. 자신이 세운 목표가 있는 아이가 그렇지 않은 아이보다 행복합니다. 자신이 직접 목표를 세우고 달성해나가는 아이들은 충만한 성취감을 느끼게 됩니다. 반면, 남이 시키는 공부를 하면서 일상을 보내는 아이는 목표를 달성할 때마다 무력감을 느끼기 쉽습니다. 자신이 세운 목표를 달성하는 성취감과 자기 효능감을 느끼면 아이는 계속해서 도전하려고 합니다.

2단계 - 효과적인 공부 계획 세우기

첫째, 매일의 목표를 세워야 합니다. 1단계에서 장기적인 목표를 세웠다면 2단계에서는 매일 실천할 수 있는 목표를 세우도록 해주세요. '1년 후에 있는 수학 시험에서 80점 이상을 받겠다'라는 목표보다 '오늘 수학 문제를 5개 이상 풀겠다'라는 목표가 성과를 내는 데 더 효과적입니다.

잠들기 전에 오늘 하루를 평가하고 내일의 계획을 세우게 해주세요. 스스로 정한 목표를 위해 오늘 하루를 자신이 의도한 대로 보냈다고 느끼게 됩니다. 그 기쁨은 내일도 목표를 향해 나아가게 만듭니다. 의도한 대로 보낸 오늘이 쌓여 한 달이 되고 일 년이 되면, 아이는 점차 삶 전체를 주체적으로 통제하게 됩니다.

둘째, 성공 기준을 분명하게 적어야 합니다. 성공 기준이 명확해야 실천력을 높일 수 있습니다. 다음은 성공 기준이 명확하게 제시된 공부 목표의 예시입니다.

매일 저녁 식사를 마치고 양치한 다음 내 방에서 한 시간 안에 『EBS 초등 기본서 만점왕 수학』의 문제를 최소 10개 푼다.

이 학습 목표 예시에는 다음과 같은 내용이 포함되어 있습니다.

> **1 목표 행동의 빈도:** 목표 행동은 매일 할 수 있는 것이 좋습니다. 하루 이상의 장기 목표를 세우면 다음 날로 미루게 됩니다.
>
> **2 장소:** 공부하는 장소를 적습니다.
>
> **3 시간:** 공부 시간을 따로 정하기보다는 하루에 일상적으로 하는 것들 다음에 공부 시간을 배치합니다.
>
> **4 제한 시간:** 제한 시간은 과제를 해결해야 하는 시간입니다. 시간에 쫓기지 않게 넉넉하게 잡고 과제를 해결한 이후의 시간은 자유롭게 쓰도록 하면 집중력을 발휘하게 됩니다.
>
> **5 공부 내용과 양:** 공부하는 교재와 공부의 양을 결정하도록 합니다.

이렇게 구체적으로 목표를 적으면 자연스럽게 내가 공부하는 모습을 머릿속에 떠올리게 됩니다. 이런 상상은 실제로 행동이 일어나게 될 가능성을 높여줍니다.

셋째, 최소한의 기준으로 매일 성공하는 경험을 쌓아야 합니다. 목표 기준을 설정할 때는 아이가 지속해서 성공할 수 있도록 해야 합니다. 지속해서 성공하기에 가장 쉬운 과제부터 시작하여 적절한 난이도를 찾아가는 것이 좋습니다. 수학 문제 하나 풀기, 영어 단어 하나 외우기와 같이 무슨 일이 있어도 할 수 있는 것부터 시작하면 중도 포기를 막아줍니다. 연달아 성공하게 되면, 더 어려운 과제도 할 수 있다는 자신감이 생기게 됩니다. 그때 다음 단계로 넘어갑니다.

윤수는 공부에 정말 관심이 없는 아이였습니다. 특히 받아 내림이 있는 뺄셈을 어려워하던 윤수에게 수학은 좌절의 연속이었습니다. 당연히 수학은 윤수가 가장 싫어하는 과목이었습니다. 윤수가 조금씩 변할 수 있었던 계기는 '똑똑 수학탐험대'로 수학을 공부하면서부터였습니다. 윤수는 매일 조금씩 1~2학년 수학을 공부하면서 자신감을 얻게 되었습니다.

수학을 힘들어하던 윤수는 자기 수준에 맞는 과제를 공부하면서 "정말 재미있어요"라는 말을 반복합니다. 왜일까요? 윤수가 느끼고 싶었던 감정은 성취감이었기 때문입니다. 무엇인가를 잘해내고 있다는 성취감을 느끼면 뇌에서 도파민이 분비됩니다. 이런 도파민은 다음에도 하고 싶다는 의욕을 불러일으킵니다.

'정말로 수학 한 문제만 풀어도 될까?'라고 의심하는 부모님이 많을 겁니다. 불안한 마음을 모르는 것은 아니지만, 장기적으로 봤을 때 도움이 됩니다. 아이들에게 이 공부 계획은 최소한의 기준이라고 말해주세요. 최소한 한 문제만 풀면 목표는 달성입니다. 공부 습관이 안 잡힌 아이들은 정말 최소한의 기준만 달성하려고 할 것입니다. 부모님이 만족할 만한 수준은 아니겠지만, 아이로서는 그래도 변화가 시작된 것이니 충분히 칭찬해주세요.

매일 공부하는 것이 습관이 되면 한 문제만 풀기가 더 어렵습니다. 자연스럽게 수학 문제를 더 많이 풀어보고 싶은 내적인 욕구가 생기고, 한 문제가 두 문제가 됩니다. 이럴 때 더 많은 칭찬과 격려를 해주면 조금씩 공부량이 늘어날 것입니다.

3단계 - 평가하고 보상받기

목표 달성을 촉진하려면 시각화가 필요합니다. 탁상 달력을 마련해서 매일 공부해야 할 것을 그 위에 적고, 목표를 달성한 날은 스티커를 붙여 표시해주세요. 목표를 초과 달성한 날은 스티커를 2개 붙입니다. 이 달력을 집 안에서 가장 잘 보이는 곳에 두고, 목표를 달성할 때마다 아이를 칭찬해주세요. 슬럼프가 찾아오면 위로의 말을 적은 포스트잇을 붙여서 격려해주세요.

아이가 한 달 동안 정한 목표를 잘 실천했다면, 작은 선물을 주는 것도 꾸준히 노력하게 하는 데 좋은 방법이 될 수 있습니다. 보상을 줄 때는 보상 그 자체보다 보상에 의미를 담아서 주는 것이 좋습니다. 선물을 줄 때, 아이가 얼마나 대단한 일을 한 것인지, 그리고 아이에게 얼마나 고마움을 느끼는지 쪽지에 적어서 함께 주세요. 그냥 선물만 줄 때보다 아이의 자존감과 자기 효능감이 높아지게 됩니다.

원칙 3

예습이 이해력의
차이를 만듭니다

독서를 통한 배경지식 쌓기

과학은 원격 수업으로 공부하기가 특히 어려운 과목입니다. 교육과정은 실험이나 관찰 위주로 구성되어 있는데, 온라인으로 공부하다 보면 설명 위주로 하게 되어 아이들이 집중하기 힘들기 때문입니다.

언젠가 완전탈바꿈과 불완전탈바꿈에 대한 개념을 알아보기 위해 사슴벌레와 잠자리의 한살이를 비교하는 내용을 원격 수업으로 한 적이 있습니다. 저는 먼저 사슴벌레와 잠자리 한살이의 차이를 말해볼 사람이 있는지 아이들에게 물었습니다. 평소 원격 수업에 집중을 잘 못하는 현우가 엉덩이를 들썩이며 손을 번쩍 들었습니다.

"사슴벌레는 완전탈바꿈을 하고, 잠자리는 불완전탈바꿈을 해요. 사슴벌레는 번데기 단계를 거치고, 잠자리는 번데기를 거치지 않아요."

질문에 대한 답은 물론이고 관련된 개념까지 정확히 이야기하는 현우를 보고 깜짝 놀랐습니다.

어찌 된 일인지 물어보니 현우는 집에서 사슴벌레를 키워서 사슴벌레에 관한 책을 많이 읽었다고 했습니다. 저는 현우의 답을 풀어 아이들에게 설명했습니다. 사슴벌레와 같이 번데기를 거치는 것을 완전탈바꿈이라고 하고, 번데기를 거치지 않는 것을 불완전탈바꿈이라고 합니다. 이때 현우가 제 말을 거들었습니다.

"선생님! 완전탈바꿈을 한자로 완전변태라고 한대요."

모니터 너머로 아이들이 한바탕 함박웃음을 지었습니다. 현우는 으쓱하면서 남은 수업에도 잘 참여했습니다.

수업 태도는 지적 능력보다 배경지식이 얼마나 튼튼한가에 따라서 결정됩니다. 특출한 아이를 제외하면 아이들의 지적 능력은 비슷합니다. 현우가 수업에 잘 참여한 것 역시 현우의 지적 능력이 탁월해서가 아니라 동물의 한살이에 대한 배경지식이 튼튼해서였습니다. 자신이 아는 것을 수업 시간에 배우니 자신감이 생겨서 수업이 더 재미있었던 것입니다.

초등학생은 랜선 공부를 하기에 아직 어리다고 생각하는 부모님이 많습니다. 하지만 예습으로 적절한 배경지식을 갖춘 상태에서 랜선 공부에 임한다면 지적 능력의 차이는 얼마든지 뛰어넘을 수 있습니다.

이처럼 독서와 경험을 통해서 우리의 기억에 자리 잡은 배경지식은 랜선 공부에 꼭 필요합니다. 배경지식은 정보가 무질서하게 뒤섞여 있는 상태가 아닙니다. 지식이 주제별로 연결된 그물이라고 할 수 있습니다. 촘촘하고 튼튼한 배경지식의 그물망은 학습 효과를 높입니다. 저는 공부할 때 사용되는 배경지식을 '배움그물'이라고 말합니다.

배움그물은 공부의 이해도를 결정합니다. 같은 수업을 듣더라도 수업을 듣는 사람의 배움그물에 따라 그 의미가 달라질 수 있습니다. 배움그물을 촘촘하게 해주는 예습은 수업을 듣는 중에 더 많은 것을 이해하고 기억하게 합니다. 수업이 재미없는 이유는 배움그물이 성글어 새로운 지식이 그물에 걸리지 않고 그대로 흘러버리기 때문입니다.

배움그물은 수업 중 부족한 부분을 채워줍니다. 수업에서 선생님이 말하는 문장과 문장 사이에는 많은 생략이 있습니다. 생략이 너무 많으면 이해가 어렵고, 생략이 너무 적으면 수업이 지루해집니다. 따라서 선생님은 학생들의 수준에 따라 적절히 생략 수준을 조절합니다. 학생들은 자신의 배움그물을 활용해서 앞뒤 문맥을 추측해야 합니다. 이때 배움그물이 촘촘한 아이는 수업을 훨씬 편하게 들을 수 있습니다.

아무것도 모르는 것을 들을 때보다 약간이라도 아는 주제에 대해 들을 때 중요한 부분을 파악하기가 쉽습니다. 랜선 공부는 지속해서 높은 집중도를 유지하기 어려워 집중력의 강약 조절이 필요합니다. 예습으로 어려운 부분을 확인하면, 더욱 집중해서 들어야 하는 부분을 알 수 있습니다.

똑똑한 예습의 3가지 방법

첫째, 개념 설명 부분을 읽는다

EBS 초등 강의를 비롯한 대부분의 초등 교재는 '개념 이해'와 '문제 풀이'로 구성되어 있습니다. 먼저 '개념 이해' 부분을 읽고 충분히 이해하는 것이 중요합니다. 핵심 개념을 대충 읽으면 문제를 제대로 풀 수 없습니다.

초등학생이 '개념 이해' 부분을 제대로 학습하려면 몇 가지 장치가 필요합니다. 첫째, 개념 설명을 읽을 때 제목에 동그라미를 치도록 해주세요. 제목만 잘 읽어도 앞으로 어떤 내용이 나올지 알

2장 스스로 공부하는 아이로 키우는 7가지 원칙

게 되어 학습 효과가 커집니다. 둘째, 기호를 사용하여 학습 내용을 구조화하도록 해주세요. 예를 들면, 가장 중요하다고 생각되는 부분에는 ☆ 표시를 합니다. 여러 번 읽어도 잘 이해되지 않는 부분에는 물음표 표시를 해둡니다. 설명에 원인과 결과, 혹은 시간 순서가 드러나는 곳은 화살표로 표시해둡니다. 이런 식으로 구조화하면 기억에 오래 남습니다. 셋째, 개념을 읽고 난 뒤에 생각나는 것을 한 줄로 적어보는 것이 좋습니다. 여러 번 반복해서 읽는 것보다 한 번 적는 것이 학습 내용을 이해하는 효과가 더 큽니다.

둘째, 문제를 풀어본다

문제 풀이를 하는 방법에는 2가지가 있습니다. '개념 이해'를 읽고 이에 대한 강의 영상을 보고 난 뒤에 '문제 풀이'에 들어가는 방법과 '개념 이해'를 읽고 바로 '문제 풀이'에 들어간 뒤에 '개념 이해'와 '문제 풀이' 강의를 한꺼번에 보는 방법입니다.

'개념 이해'를 읽은 후에 충분히 이해하지 못하거나 틀리는 문제가 많은 아이라면 첫 번째 방법이 더 좋습니다. 이해가 빠르거나 틀리는 문제가 적다면 바로 '문제 풀이'에 들어가고 강의를 한꺼번에 들어도 좋습니다.

문제를 풀 때 막히는 부분이 있으면 '개념 이해' 부분을 다시 보면서 풀도록 해주세요. 계속해서 다시 보고 이해해야 하는 부분이 있다면 이 부분을 표시해두고 강의를 들을 때 집중적으로 듣는 것이 좋습니다.

아이가 문제를 다 풀고 나면 처음에는 부모님이 채점해주시는 게 좋습니다. 채점할 때 맞힌 문제에는 동그라미를 해주고, 틀린 문제는 채점하지 않습니다. 채점하지 않는 이유는 강의를 본 뒤 다시 문제를 풀 기회가 있기 때문입니다. 강의를 잘 들으면 틀린 문제를 푸는 방법을 알 수 있어서 집중해서 강의를 듣게 됩니다. 전체 문제 중 처음에 몇 문제를 맞혔는지 적어두고 강의를 다 본 뒤에 다시 푼 점수를 그 옆에 적어줍니다.

셋째, 관련 도서를 읽는다

교재를 예습하는 것도 좋지만 관련된 분야의 독서를 하는 것이 배경지식을 튼튼하게 하는 데 더 큰 도움이 됩니다. 특히 사회와 과학은 해당 분야에 대한 지식이 있으면 새로운 내용을 빠르고 재미있게 배울 수 있습니다. 주말을 이용해서 아이와 도서관에 방문해서 곧 배우게 될 단원에 해당하는 책들을 훑어본 뒤에 아이와 함께 읽을 책을 결정하는 것이 좋습니다.

교과서에 실린 작품 전체를 읽어보는 것도 도움이 됩니다. 예를 들면, 초등학교 3학년 1학기 국어 10단원에 「만복이네 떡집」 일부가 나옵니다. 「만복이네 떡집」의 전체 이야기를 읽으면 수업이 훨씬 더 재미있게 느껴질 것입니다. 또 국어 교과서에 실린 글들의 소재와 관련된 도서를 읽을 수도 있습니다. 예를 들어 3학년 1학기

8단원에는 '지구를 깨끗이 가꾸자'라는 글이 나옵니다. 이 단원을 학습하기 전에 환경보호에 대한 글을 읽으면 학교 수업이 더 생생하게 다가올 것입니다.

이때 주의할 점은 아이들의 공부도 중요하지만, 독서에 대한 흥미를 꺾어서는 안 된다는 점입니다. 독서는 장기적으로 학습에 아주 중요한 습관입니다. 아이들이 읽기 싫은 교과 연계 도서를 억지로 읽게 하면 아이들의 독서 습관을 망치게 됩니다. 벼룩 잡으려다가 초가삼간을 태우는 격이 되는 것이지요. 관련 주제 내에서 아이가 책을 자유롭게 고르도록 하는 것이 좋습니다.

예습이 학습의 효과를 떨어트리는 경우도 있습니다. 몇몇 아이들은 이미 공부했으니 다 안다고 생각해 온라인 수업에 집중하지 않기도 합니다. 독일의 심리학자 헤르만 에빙하우스는 한번 본 내용이더라도 제대로 복습하지 않으면 하루 뒤에는 40퍼센트까지 기억이 떨어진다고 했습니다. 예습을 통해서 학습 내용의 전부를 기억할 수는 없다는 사실을 인지해야 합니다. 본 학습과 복습에 적극적으로 참여하겠다는 의지가 무엇보다 중요하다는 것을 아이에게 알려주세요.

원칙 4

집중력의 차이가
학습 효율을 결정합니다

1단계 - 자세 바르게 하기

대면 수업 중에 선생님들은 학생들에게 바르게 앉으라고 자주 이야기합니다. 하지만 온라인 수업 중에는 선생님이 학생들의 자세를 잘 볼 수 없습니다. 또 태블릿 PC나 노트북을 볼 때는 자연스럽게 몸을 웅크리고 앉거나 등이 굽은 자세가 되기 쉽습니다. 이런 자세는 수업으로 인한 피로도를 더 높일 수 있습니다. 따라서 온라인 수업 중간중간 등을 펴고 바르게 앉도록 하고, 몸을 크게 편 상태를 유지하는 것이 수업에 집중하는 데 도움이 됩니다.

수업을 잘 듣는 또 다른 자세는 이해가 되었을 때 고개를 *끄덕*

　　　　　　　　　　　2장 스스로 공부하는 아이로 키우는 7가지 원칙

이며 듣는 것입니다. 선생님들은 학생의 비언어적 표현을 보면서 수업이 제대로 되고 있는지를 점검합니다. 온라인 수업 중에는 학생들의 표정을 보기가 힘듭니다. 그중에 고개를 끄덕끄덕하면서 듣는 학생이 있다면, 어떨까요? 선생님은 그 학생을 위주로 수업을 하게 될 것입니다. 이렇게 고개를 끄덕이는 것으로 수업에 더 유기적으로 연결되는 것이지요.

2단계 - 메모 습관 들이기

랜선 공부 중에는 선생님과 학생 간의 상호작용이 어려우므로 학생의 집중력이 더 많이 필요합니다. 수업을 집중해서 들으려면 적절한 수준의 긴장을 유지해야 합니다. 적절한 긴장을 유지하는 방법 중 하나는 선생님의 말을 메모하면서 듣는 것입니다. 예를 들어 과학 수업 중에 선생님이 물체와 물질에 관해서 설명했다고 가정해보겠습니다. 초등학교 3학년 과학 교과서에서는 이렇게 나와 있습니다.

물체를 만드는 재료를 물질이라고 합니다.

이전 시간에 물체에 대해서 배웠기 때문에 선생님은 "물체란 모양이 있고 공간을 차지하는 것"이라고 설명합니다. 대부분 아이는 이때 그냥 듣기만 합니다. 하지만 적극적으로 듣는 아이들은 이것을 메모합니다. 모르기 때문에 메모하는 것이 아니라 적극적으로 듣고 적절한 긴장감을 유지하기 위해서 적는 것입니다.

> 물체를 만드는 재료를 물질이라고 합니다.

*물체: 모양이 있고, 공간을 차지하는 것

이렇게 적으면 이미 알고 있는 것이 복습되기도 합니다. 수업 중에 선생님이 하는 말을 적은 메모가 있는 교재는 그 자체로 훌륭한 복습 자료가 됩니다. 따로 노트를 만들고 핵심을 정리하는 것보다 이처럼 잘 정리된 교과서(교재)를 보는 것이 더 효과적입니다.

메모하는 습관은 문제집을 풀 때도 매우 유용합니다. 5지 선다형 문제에서 정답 외에 다른 문항이 오답인 이유를 메모하는 아이는 성적이 금방 오릅니다. 보통 아이들은 문제를 풀고 나서 맞혔는지 틀렸는지에만 관심을 가집니다. 맞힌 문제든 틀린 문제든 거기서 공부할 내용은 더 있습니다. 아래 문제는 초등학교 3학년 과학 실험관찰 확인 문제입니다. 문제를 풀면서 선생님이 물질별로 특징을 말해줍니다. 적극적으로 메모하며 듣는 아이들은 흘려듣지 않고 다음과 같이 적습니다.

〈문제〉 다음과 같은 장점이 있는 컵을 보기에서 골라 기호를 써봅시다.

(   ): 컵 안에 무엇이 들어 있는지 쉽게 확인할 수 있다.

㉠ 유리컵 ㉡ 종이컵 ㉢ 금속 컵 ㉣ 도자기 컵

〈정답〉 ㉠

---

*종이컵: 가볍다. 젖는다.

*금속 컵: 무겁다. 튼튼하다. 깨지지 않는다.

*도자기 컵: 열에 강하다. 음식을 따뜻하게 보관할 수 있다.

아이들은 "이미 아는데 또 적어야 해요?"라고 묻기도 합니다. 이미 알고 있는 것을 다시 정리하면 더 오래 분명하게 기억하게 되고, 쓰다 보면 이해가 안 됐던 사실을 깨우치게 됩니다.

이렇게 적다 보면 수업 중에 사용하는 교재를 자신만의 참고서로 만들게 됩니다. 자기가 만든 교재에 아이는 더욱 애착을 두고 복습에도 사용합니다. 이런 공부 방법은 학교 수업을 체계적으로 정리해야 하는 중고등학교에서도 내신 성적을 받는 데 도움이 됩니다. 처음에는 힘들지만, 이렇게 메모하며 듣는 아이들은 평생 가는 공부 습관을 지닙니다.

3단계 - 발표 습관 들이기

랜선 수업에 집중하는 또 다른 방법은 수업 시간에 적극적으로 발표하는 것입니다. 아이들은 자신이 발표한 내용을 수업 시간에 들은 내용보다 더 잘 기억합니다.

선생님은 수업 시간에 학생들과 대화를 통해서 학습 문제를 해결해 나갑니다. 그런데 그 대화에 참여하지 않고 선생님과 다른 아이의 대화를 지켜보기만 하는 아이들은 수업에 참여하는 것이 아니라 구경하는 셈이 됩니다. 수업의 구경꾼이 되지 않기 위해서는 발표를 해야 합니다.

발표력을 기르는 첫 번째 단계는 발표 원칙을 세우는 것입니다. 발표에 어려움을 겪는 아이들은 발표했을 때 보일 선생님이나 친구들의 반응을 막연하게 두려워합니다. 일단 한번 해보면 괜찮은데 해보지도 않고 발표를 두려워하는 것입니다. 그 두려움을 없애려면 발표 원칙을 세우는 것이 좋습니다.

하루에 한 번 발표하기에서 시작해 한 시간에 한 번 발표하는 것으로 늘려보는 게 좋습니다. 처음에는 시도 자체가 어려우므로 발표의 질에 집중하지 말고, 그냥 발표했다는 것에 만족해야 합니다.

선생님이 생각이나 느낌을 물어본 것에 대한 발표는 조금 더 어려울 수 있습니다. 수줍음이 많은 아이도 자신이 잘 아는 내용에 대해서는 발표를 하려고 합니다. 객관적인 사실에 관한 질문에 대한 답에서부터 시작해보도록 격려해주세요.

발표 원칙을 세우면, 발표 기록을 남깁니다. 자신의 발표 원칙을 이룬 날은 달력에 크게 동그라미를 치는 것입니다. 한 가지 습관이 자리 잡는 데 평균 66일의 시간이 걸린다고 합니다. 아이들의 경우 적절한 피드백을 받으면 좋은 습관이 한 달 만에 자리 잡기도 합니다. 아이들이 계속해서 도전할 수 있도록 부모님이 옆에서 발표 일지를 보면서 칭찬을 자주 해주는 것도 도움이 됩니다.

'1일 1발표'가 습관이 되면, '1시간 1발표' 단계로 넘어갑니다. '1시간 1발표' 단계에서는 발표에 대한 두려움은 극복한 상태이므로 매 시간 발표했는가 안 했는가에 대한 기록만 남깁니다.

저는 랜선 프로젝트에서 발표 점검표를 작성하면서 많은 아이의 발표 자세가 좋아졌음을 확인할 수 있었습니다. 가장 좋아진 친구는 성윤이였습니다. 성윤이는 수업 중에 다른 친구들의 주목을 받는 것을 두려워했습니다. 온라인 수업 중에 화장실에 가겠다는 말도 문자로 따로 보내는 아이였습니다. '1일 1발표'를 실천하기 위해서 정답이 있는 쉬운 문제부터 시작했습니다. 꾸준히 노력하면서, 점점 발표가 길어지고 수업에 더 적극적으로 참여하게 되었습니다.

쌍방향으로 이루어지는 실시간 수업이 아니더라도 발표하기는 활용될 수 있습니다. 마치 선생님과 자신이 일대일 수업을 하는 것처럼 상상하며 공부하는 것입니다. 인터넷 강의에서도 선생님이 물어보는 말에 대답해봅니다. 선생님이 물어보는 말에 대답을 못하면 잠시 영상을 멈춘 뒤 답을 찾아보고 대답해도 됩니다. 이렇게 적극적으로 말하면서 공부하게 되면 인터넷 강의에 대한 집중력도 올라갈 수 있습니다.

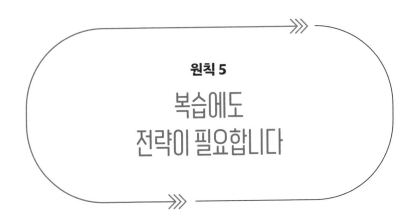

원칙 5

복습에도
전략이 필요합니다

공부를 완성하는 복습

에빙하우스의 망각곡선에 따르면, 복습에는 주기가 중요합니다. 물론 에빙하우스의 실험이 아주 잘 설계되었다고 해도 그것을 현실에 그대로 적용하기에는 무리가 따릅니다. RAF, BUA, TIW와 같은 무의미한 철자를 얼마나 기억하는가를 측정한 결과이기 때문입니다. 실제 상황에서는 무의미한 정보가 아니라 서로 밀접하게 관련된 정보를 공부합니다. 그래서 일상적인 학습을 할 때는 복습 주기와 함께 복습 방법에도 주목해야 합니다.

저희 반 아이들은 매시간 배운 핵심 내용을 배움공책에 한 줄로 정리하는 것을 숙제로 하고 있습니다. 그리고 그 내용을 바탕으로 문제를 만들고 부모님에게 퀴즈를 내는 것이 숙제입니다.

처음에는 학생 대부분이 핵심 내용을 정리하는 것은 물론 문제를 만드는 것도 힘들어했습니다. 수업 중간에 오늘 배움공책에 정리할 수 있는 부분을 짚어주고, 중요한 부분을 빈칸으로 만들어 문제를 만드는 방법을 알려주자 문제를 잘 만들 수 있게 되었습니다.

이렇게 문제를 내주니 부모님과 아이가 자연스럽게 그날 배운 것에 대해서 이야기를 나눌 수 있었습니다. 아이들은 평소 부모님에게 항상 배웁니다. 무엇인가를 듣기만 하고 말할 기회는 적습니다. 들은 것은 금방 잊지만, 내가 말한 것은 오래 기억에 남습니다. 그래서 저는 부모님께 일부러 조금씩 틀리면서 아이들에게 설명해달라고 부탁하라고 말씀드리기도 합니다.

똑똑한 복습의 3가지 방법

첫째, 읽지 말고 말하게 하세요. 예습과 본 학습이 생각 만들기 단계였다면 복습은 생각 꺼내기 단계입니다. 생각 꺼내기란 쓰기, 말하기, 시험 보기처럼 내가 알고 있는 것을 활용하는 과정입니다. 아리스토텔레스도 어떤 것을 상기하는 연습을 계속하면 기억이 강화된다고 했습니다. 생각 꺼내기는 반복해서 읽는 것보다 효과적입니다. 반복해서 읽는 것은 공부 내용에 익숙해지기는 하지만, 공부 내용을 정확하게 아는지를 확인하기는 어렵습니다.

특히 초등학생의 경우에는 익숙한 것과 제대로 알고 있는 것을 구분하기 어렵습니다. 3학년 사회 시간에는 문화유산의 개념을 배웁니다. 평소 대부분의 아이가 문화유산에 대해 많이 들었어도 그 개념을 제대로 설명하기는 어려워합니다. 반면 문화유산을 주제로 한 번이라도 직접 말해본 아이들은 문화유산이 "조상으로부터 내려오는 문화 중에서 다음 세대까지 물려줄 만한 가치가 있는 것들"이라는 내용을 기억합니다.

생각 꺼내기를 하다 보면 학생들은 점차 제대로 기억하는 것의 필요성을 느끼게 됩니다. 그 과정에서 자신에게 맞는 학습 전략을 스스로 발견하기도 합니다.

둘째, 몰아서 하지 말고 시간 간격을 적절히 두세요. 아무리 유의미하게 정보를 잘 저장한다고 해도 망각은 자연스럽게 일어납니다. 따라서 망각이 일어날 만한 시간 간격을 두고 학습하면 좋습니다.

흔히 방학 특강 같은 것에서 '2주 만에 끝내는 초등 연산'과 같은 강의 제목을 많이 보셨을 것입니다. 이렇게 집중해서 연습하면 금방 실력이 늘지만, 그 지식이나 기능은 오래가지 않습니다. 빨리 배운 만큼 빨리 잊어버립니다. 대신 시간 간격을 두고 인출을 연습하면, 느리게 배우는 것 같지만 장기기억에서 기능과 지식을 꺼내는 연습이 되기 때문에 기억에 더 오래 남습니다.

셋째, 외우지 말고 자기의 말로 표현하게 해주세요. 학습 내용을 말로 표현하면 새로운 지식을 기존 지식과 연결하게 됩니다. 이를 위해서는 수업이 끝난 다음에 혼자서 질문을 던져야 합니다. '오늘 배운 것 중에 핵심 내용이 뭐지?', '핵심 개념에 해당하는 예는 어떤 것이 있을까?' 하며 스스로 계속 질문하는 아이들은 같은 시간을 공부해도 더 효과적으로 공부하게 됩니다.

이런 원칙을 바탕으로 저희 반에서 하는 랜선 공부 복습 방법을 알아보겠습니다.

스스로 실천하는 복습 방법

쉬는 시간에는 배움공책에 한 줄로 핵심을 요약해요

수업이 끝난 후 오늘 배운 내용 중에 가장 핵심이 되는 것 한 가지를 기억해 적습니다. 매일 이 활동을 반복하다 보면 수업을 들으면서 자연스럽게 핵심을 파악하게 됩니다. 이 과정은 수업을 더욱 능동적으로 듣게 하고, 수업한 직후에는 복습으로 이어져 학습 효과도 늘어납니다.

방과 후에는 문제를 만들어요

수업을 들은 후 아주 간단한 시험을 보는 것은 반복해서 읽거나 필기한 내용을 복습할 때보다 더 효과적입니다. 선생님이 간단한 확인 문제를 내준다면 편하겠지만, 그렇지 않은 경우가 많습니다. 인터넷 강의를 듣는 경우 그런 기대를 하기 어렵습니다. 가장 좋은 방법은 내가 스스로 문제 출제자가 되는 것입니다. 한 줄로 적은 핵심 요약에 빈칸을 넣으면 쉽게 문제를 만들 수 있습니다.

3학년 1학기 사회 교과서 34쪽

> (   )은/는 여러 장소 중에서 눈에 잘 띄거나 사람들이 자주 찾는 곳이에요.
>
> 〈정답〉 주요 장소

3학년 1학기 사회 교과서 36쪽

> 산, 강, 큰길 등의 밑그림만 그려져 있는 지도를 (   )(이)라고 해요.
>
> 〈정답〉 백지도

저녁에는 문제를 내요

복습이 완료되면 오늘 내가 낸 문제를 엄마나 아빠에게 내도록 해보세요. 내가 낸 문제를 엄마나 아빠가 쩔쩔매면서 풀지 못하는 모습을 보며 아이들은 즐거워합니다. 평소 주로 부모님께 배우기만 하던 아이들이 거꾸로 부모를 가르치고 시험하면 자신감을 갖습니다. 스스로 문제를 내고 문제에 관해 설명하면서 아이는 자기 말로 정리하게 됩니다. 아이가 내준 문제를 일부러 틀리기도 하고 어려워하면서 힌트를 달라고 해보면, 설명하는 과정에서 아이는 자신의 언어로 학습 내용을 말하게 되어 더 오래 기억에 남게 됩니다.

주말에는 문제를 풀어요

주말에는 문제를 풀어보는 것이 좋습니다. 문제를 풀 때는 자기가 낸 문제를 먼저 풀어보는데, 기억이 나지 않는 부분은 다시 교과서를 보면서 확인해야 합니다.

공부한 지 며칠이 지난 시점이므로 기억이 흐릿해져 있을 것입니다. 기억이 나지 않는다고 바로 정답을 확인하지 말고, 1분 정도 곰곰이 생각해보는 게 좋습니다. 1분의 시간이 견디기 힘들 수도 있습니다. 이 시간은 뇌가 열심히 활동하는 시간으로, 공부가 가장 많이 되는 순간입니다. 정답을 생각해내지 못한다고 하더라도 공부가 되어가는 과정이라고 격려해주면 아이들은 도전합니다.

월말에는 글을 써요

4단계까지 아이가 잘 따라온다면, 글쓰기에 도전해보세요. 글쓰기는 생각 꺼내기의 마지막 단계입니다. 편하게 수업을 듣거나 글을 읽으면 공부가 쉽습니다. 하지만 생각은 자주 꺼낼수록 기억에 더 오래 자리 잡습니다.

단원 마무리 단계에서 이번 단원에서 자신이 배운 것을 주제로 글로 써보도록 해보세요. 무엇을 써야 할지조차 몰라서 쓰기 힘들어하는 아이에게는 글쓰기 전에 마인드맵 그리기를 하면 좋습니다. 마인드맵을 그릴 때는 가벼운 마음으로 생각나는 것을 비판 없이 그리는 브레인스토밍을 합니다. 그리고 교과서를 참고해서 부족한 부분을 더 추가한 뒤, 자신의 경험과 생각을 더합니다. 마지막으로 이 마인드맵을 바탕으로 글로 작성하는 것입니다.

자신을 스스로 점검해야 합니다

랜선 공부의 필수 요소, 자기조절 능력

자기조절 능력이란 장기적 이익을 성취하기 위해서 충동('핸드폰 게임을 하고 싶어')과 부정적인 감정('나는 해도 안될 거야')을 억제하는 힘입니다. 자기조절 능력이 효과적으로 작동하기 위해서는 3가지 조건을 갖춰야 합니다. 가장 먼저, 내가 해야 하는 것이 무엇인가에 대한 정확한 기준입니다. 예습, 자세, 메모, 복습에 대한 구체적인 행동 목표가 있는 아이들이 랜선 공부를 제대로 할 확률이 높습니다.

다음으로 자신의 활동에 대한 모니터링입니다. 자기 자신의 행동을 수시로 점검하지 않으면 어떤 부분을 더 노력해야 하는지 알지 못합니다. 마지막으로 의지력이 발휘되어야 합니다. 아이들이 의지력을 키워나가려면 스스로 계획을 세우고 인내하면서 원하는 목표를 향해 나아가는 경험을 쌓아야 합니다.

이런 3가지 조건을 잘 갖추고 있는지 확인하기 위해 필요한 것이 자기 점검표입니다. 랜선 공부를 위한 자기 점검표는 자기 점검, 자기 평가 및 계획, 양육자의 피드백으로 구성됩니다.

자기 점검

	질문	실행 여부
수업 준비	책상을 정리했나요?	
	태블릿 PC에 필요 없는 프로그램은 종료했나요?	
수업 전	오늘 공부할 부분을 미리 읽었나요?	
	오늘 공부할 부분의 문제를 미리 풀고 채점을 했나요?	
수업 중	허리를 펴고 앉았나요?	
	오늘 수업 중에 발표를 ( )번 이상 했나요?	
	수업을 들으면서 메모를 했나요?	
수업 후	배움공책에 핵심 내용을 정리했나요?	
	핵심 내용으로 문제를 만들었나요?	
쉬는 시간	쉬는 시간에 스트레칭을 했나요?	
	쉬는 시간에 심호흡을 했나요?	
	동그라미 수	

자기 점검을 할 때는 매일 10개 내외의 항목에 대해 스스로 실행 여부를 확인해야 합니다. 자기 점검의 첫 단계는 랜선 수업 준비입니다. 랜선 공부를 준비할 때 가장 중요한 것은 공부할 수 있는 환경을 만드는 일입니다. 가장 먼저 책상 위에서 공부에 방해가 되는 것들을 치워야 합니다. 눈에 보이면 만지고 싶은 마음이 생깁니다. 그다음에는 태블릿 PC나 노트북에서 학습에 필요 없는 프로그램을 종료해야 합니다.

수업 전에는 예습을 통해 공부할 부분을 미리 읽고 문제를 풀고 채점까지 마쳐야 합니다. 수업 중에는 바른 자세, 메모하기, 발표하기를 통해서 집중력을 유지해야 합니다. 수업 후에는 핵심 내용을 배움공책에 정리하고 문제를 만들면서 복습해야 합니다. 쉬는 시간에 틈틈이 스트레칭과 심호흡을 통해서 공부할 수 있는 여건을 만드는 게 좋습니다.

자기 점검을 하고 동그라미의 수를 확인하면 그날의 점수를 측정할 수 있습니다. 모든 부분이 동그라미가 된다면, 습관으로 자리잡은 부분을 빼고 새로운 점검 항목을 넣습니다. 질문이 너무 많으면 형식적으로 표시하게 되므로 10개 내외를 유지하도록 합니다. 앞에서 제시한 자기 점검표는 랜선 공부를 제대로 하기 위해 일반적으로 필요하고 확인해야 하는 사항을 아이들과 함께 정한 것입니다. 점검 목록(질문)은 아이의 성향에 맞게 조금씩 수정하시는 것이 좋습니다.

자기 평가

★ 이번 주에 내가 잘한 점을 3가지 적으세요.	★ 다음 주에 더 잘하고 싶은 것은 무엇인가요?
1. 2. 3.	이번 주 점수: (　　　)점 다음 주 목표 점수: (　　　)점

자기 점검이 정량적인 평가라면 자기 평가는 정성적으로 이루어집니다. 한 주 동안 이루어진 자기 점검을 바탕으로 자신이 잘한 점을 3가지 적으면서 자신을 긍정적으로 평가하도록 합니다.

자기 자신에 대한 긍정적인 정보를 처리하면, 만족감과 행복감을 느끼게 됩니다. 자기조절 능력이라고 하면 단점에 초점을 맞추어 자신을 개선해나가는 것이라고 생각하곤 합니다. 단점에 초점을 맞추면 자신을 탓하게 되고 자기 점검을 꾸준히 하지 못하게 됩니다. 반면 잘한 것들에 초점을 맞추면 점검표를 작성하는 일이 기쁜 일이 되어 꾸준히 할 수 있게 됩니다.

인간의 행동 변화는 매우 느리게 나타납니다. 동시에 여러 개의 도전을 하다 보면, 그 효과가 미미해집니다. 하나에 초점을 맞추고 지속해서 노력해야 합니다. 한 주에 잘하고 싶은 하나의 목표를 정하고 이번 주에 몇 개의 동그라미를 받았는지, 다음 주에는 몇 개를 더 받고 싶은지 적도록 합니다.

이때 목표는 다음 주에 반드시 성공할 수 있을 정도로 쉬운 것이 좋습니다. 이번 주 점수보다 1~2점 높게 설정하는 것이 좋습니다. 취약한 항목이 여러 개라면 가장 점수가 낮은 부분부터 시작하고, 같은 점수라면 올리기 쉬운 것부터 하나씩 정복해나가는 것이 좋습니다.

양육자의 피드백

아이들이 공부에 자신감을 지니고 꾸준히 해나가기 위해서는 부모님의 피드백이 필요합니다. 부모님의 피드백을 받아 오라고 했을 때 처음에는 대부분 다음 주에는 더 잘했으면 하는 바람을 적어주었습니다. 저는 부모님들에게 바람보다는 칭찬과 격려를 적어달라고 부탁드리고, 저도 아이가 잘하고 있으며 다음 주에는 더 잘할 것이라는 희망을 적었습니다.

초등학교 고학년까지 공부를 잘하는 아이들은 대개 부모님과 따뜻한 정서적 관계를 맺습니다. 어른과 맺는 따뜻한 정서적 관계가 얼마나 중요한지 보여주는 실험이 있습니다. 카우아이 종단실험으로 불리는 이 실험은 1955년 하와이 카우아이섬에서 1955년에 태어난 833명의 아이를 대상으로 하였습니다. 833명 중 가정환경이 안 좋은 201명을 고위험군으로 분류하고, 1985년 30세가 된 이 아이들이 어떤 삶을 사는지 확인해보았습니다.

201명 중 72명은 불우한 환경에서 자랐지만, 부유한 환경에서

　　　　　2장 스스로 공부하는 아이로 키우는 7가지 원칙

자란 아이들보다 더욱 성공적인 삶을 살았습니다. 이 아이들의 공통점은 어떤 상황에서도 조건 없는 사랑을 주는 어른이 한 명은 있었다는 것입니다.

부모님들은 아이들을 세상에서 가장 사랑하는 사람일 것입니다. 하지만 아이들이 그런 사랑을 자주 느낄 수 있도록 표현할 기회는 많지 않지요. 매주 이런 격려를 글로 받는 아이는 어려움을 극복하는 능력을 키워나갑니다.

원칙 7

공부 루틴을
만들어주세요

지능은 후천적으로 길러집니다

"우리 아이는 머리가 썩 좋지는 않은 것 같은데, 공부를 잘할 수 있을까요?"

종종 아이의 지능 자체를 걱정하는 부모님이 계십니다. 그럴 필요 없다고 말씀드리고 싶습니다. 지능은 근육과 같아서 유전적으로 타고난 부분도 있지만, 지적인 활동을 통해서 길러지는 부분이 큽니다. 지능은 고정되어 있지 않기 때문에 지속적으로 지적인 활동을 하면 좋아집니다. 유전적으로 동일한 일란성 쌍둥이라고 하더라도 양육 환경에 따라 지적인 능력에서 차이가 나타난다는 연

　　　　　2장 스스로 공부하는 아이로 키우는 7가지 원칙

구도 많이 있습니다.

좋은 성과를 내는 아이들은 타고난 머리보다 단단한 공부 루틴을 가진 아이들입니다. 이런 아이들은 공부가 몸에 익어서 자연스럽게 공부를 합니다. 매일 공부하겠다고 의지를 다지는 아이와 아무 생각 없이 늘 하던 대로 공부하는 아이 중 어떤 아이가 더 좋은 결과를 얻을까요? 당연히 후자일 것입니다.

초등학교 3학년 때는 이런 공부 루틴을 들이는 것이 좋은 성적을 받는 것보다 중요합니다. 이때가 매일 공부하는 루틴을 만들 수 있는 결정적 시기이기 때문입니다. 이 시기에 앞서 말씀드린 공부 계획 세우기, 예습, 본 학습, 복습, 점검 습관이 형성된 아이들은 사춘기에도 부모님과 큰 갈등 없이 공부의 양과 깊이를 늘려갑니다.

이때 의문이 생기는 것은 '어떤 공부를 루틴으로 만들어야 하는가?'입니다. 초등학교 3학년 공부는 '성적을 올리는 공부'와 '공부 저력을 키우는 공부'로 나눌 수 있습니다. '성적을 올리는 공부'는 학교 수업에 대한 복습으로, 성적에 직접적인 영향을 미치는 공부입니다. '공부 저력을 키우는 공부'는 국어의 문해력, 수학의 사고력, 영어의 독해력과 같이 장기적인 노력을 들여서 꾸준히 키워나가야 하는 공부입니다.

그중 먼저 루틴으로 삼아야 하는 공부는 성적을 올리는 공부입니다. 복습을 통해 성적을 올리면 그 와중에 자연스럽게 공부 저력도 키우게 됩니다. 공부 저력을 키우는 공부와 성적을 올리는 공부

를 함께 시작하면 공부의 양이 갑자기 많아져서 적응하지 못하는
아이도 많습니다.

공부의 기본 루틴 세우기

학교에서 돌아오면 가장 먼저 내용을 복습하는 습관을 키워주
세요. 가장 좋은 복습 방법은 교과서를 다시 읽는 것입니다. 1부에
서 제시한 대로 교과서를 다시 읽고 배움공책에 한 줄로 요약한
뒤 문제로 만들어보도록 합니다. 모든 과목의 문제를 만들 필요는
없고, 흔히 주요 과목이라고 불리는 국어, 수학, 사회, 과학, 영어의
문제만 만들어도 충분합니다.

그 뒤에는 최근에 학습한 과목의 문제집을 풀도록 합니다. 문제
집으로는 『EBS 초등 만점왕 단원평가』를 추천합니다. 학교에서 공
부를 충실히 했다면 쉽게 풀 수 있는 문제로 구성되어 있어 학습
부담이 적기 때문입니다. 또 틀린 문제를 통해 부족한 부분을 빠르
게 보충할 수 있습니다.

동영상 강의 중에서 〈EBS 만점왕〉 시리즈도 과목별로 제시되어
있지만 학습 내용이 많아서 학기 중에 공부하기에는 버거울 수 있
습니다. 학기 중에는 단원평가로 모르는 내용을 빠르게 점검하고
아이가 어려워하는 과목은 방학 중에 〈EBS 만점왕〉으로 보충하는

것이 좋습니다.

단원평가 공부가 끝나면 영어 학습 애플리케이션으로 놀면서 영어를 공부하도록 합니다. 제가 추천하는 영어 학습 애플리케이션은 '칸아카데미키즈'와 'AI 펭톡'입니다. 게임 형식으로 구성되어 아이들이 놀이처럼 영어에 자연스럽게 노출될 수 있습니다.

『EBS 초등 만점왕 단원평가』

▶ 『EBS 초등 만점왕 단원평가』는 국어, 수학, 사회, 과학의 단원평가와 서술형 평가를 모두 포함하고 있습니다. 핵심 정리를 제대로 읽으면 복습이 되고, 수업 시간에 배운 내용을 단원평가 문제로 익힐 수 있습니다.
▶ 장점: 단원평가 문제뿐 아니라 서술형 평가 문제도 수록되어 다양한 평가 유형에 대비할 수 있습니다. 회당 강의 영상도 30분으로 짧아 집중력이 낮은 아이들도 비교적 집중해서 들을 수 있습니다.
▶ 주의점: 강의를 듣기 전에는 해당 과목의 단원평가 문제를 모두 풀고 채점까지 마치고 수업을 듣습니다. 강의는 필기하면서 듣습니다. 수업 후에는 새롭게 알게 된 내용을 배움공책에 정리합니다. 학교에서 나눠주는 주간학습안내를 보고 진도에 따라 오늘 공부해야 할 부분을 일주일 전에 미리 정해주세요.

다음은 방과 후에 학교 공부를 복습하고, 단원평가로 학습 내용을 점검하는 루틴을 표로 제시한 것입니다. 이렇게 하루 50분 공부를 루틴으로 만든 아이들은 학교 수업을 무난히 따라갈 수 있습니다. 다만 이 루틴은 아이의 수준과 선호도에 따라 조정될 수 있습니다.

공부 루틴	공부 방법		시간
교과서 복습	배움공책 정리하기, 문제 만들기		10분
단원평가 풀기	월~목	금	30분
	단원평가 1회 문제 풀고 채점하기	강의 영상 보기	
	배움공책에 오답 정리하기		
영어 학습 어플하기	칸아카데미키즈, AI 펭톡 학습하기		10분

공부 저력을 키워주세요

상위권으로 도약하고 싶다면 공부 저력을 키우는 공부를 해야 합니다. 공부 저력은 초등 고학년뿐만 아니라 중고등학교 시기를 넘어 대학교 때까지 사용될 수 있는 힘입니다. 초등 고학년에 이르면 국어, 수학, 영어에서 큰 학습 격차를 보이게 됩니다. 이 과목에 대한 튼튼한 공부 저력을 가진 아이들은 좋은 성적을 받게 되어 자아 효능감이 높아지고 신이 나서 더 열심히 공부합니다.

핵심 공부 저력	공부 저력 키우는 방법	추천 랜선 공부
국어 문해력	좋아하는 책 읽기	좋아하는 책 읽기
수학적 사고력	고민이 필요한 수학 문제 풀기	『EBS 초등 만점왕 수학 플러스』
영어 독해력	영어 독해집 풀기	『EBS랑 홈스쿨 초등 영독해』

2장 스스로 공부하는 아이로 키우는 7가지 원칙

국어 문해력을 키워주세요

국어 공부 저력 중 가장 중요한 것은 문해력을 키우는 것입니다. 문해력은 국어뿐만 아니라 모든 교과에 영향을 미치는 핵심 공부 저력입니다. 같은 글을 읽어도 문해력이 좋은 아이들은 깊이 있게 이해하고 더 잘 기억합니다.

문해력을 키우는 이상적인 방법은 좋아하는 책을 읽는 것입니다. 읽고 싶은 책을 읽기 때문에 책을 꼼꼼히, 더 많이 읽게 됩니다. 외국어 실력을 늘리는 데 가장 좋은 방법이 외국어를 자주 사용하는 것이듯 국어 문해력을 늘리는 가장 좋은 방법도 문해력을 자주 쓰는 것이기 때문입니다.

아이들이 책을 읽게 하는 방법은 아이가 좋아하는 분야의 책을 집중적으로 읽도록 하는 것입니다. 이렇게 책을 읽게 되면 이전에 읽었던 내용이 반복되면서 다른 책의 배경지식 역할을 합니다. 배경지식이 활성화될 때 아이들은 지적인 쾌감을 느낍니다. 또 이전 책에서 읽은 내용이 자연스럽게 반복되어 기억에 오래 남아 장기 기억으로 전환될 확률이 높습니다.

아이가 한 분야의 책만 읽어서 걱정인 부모님도 있을 수 있습니다. 물론 다양한 분야의 책을 읽으면 좋겠지만, 억지로 책을 읽으면 열정적인 독서가가 되지 못합니다. 한 분야를 깊이 있게 읽다 보면 자연스럽게 관심이 옮겨갑니다. 역사를 좋아하는 아이가 과거를 배경으로 한 소설을 읽으면서 소설에 관심을 가지게 되는 것처럼 말입니다.

수학적 사고력을 키워주세요

수학에서 필요한 공부 저력은 사고력입니다. 수학적 사고력이 필요한 문제를 풀고, 강의를 통해 풀이 방법을 확인합니다. 처음 문제를 풀 때는 30분을 기준으로 풀 수 있는 만큼만 푸는 게 좋습니다. 어려운 문제를 풀 때는 몇 문제를 푸느냐가 아니라 얼마나 많이 고민하느냐가 중요하기 때문입니다.

일반적으로는 『EBS 초등 만점왕 수학 플러스』를 추천합니다. 이 책이 쉬운 학생은 『디딤돌 최상위 수학S』나 『디딤돌 최상위 수학』을 사용해보세요. 두 교재 모두 아주 어렵기 때문에 처음에는 풀 수 있는 문제만 풀어보라고 하는 것이 좋습니다. 참고로 『디딤돌 최상위 수학S』가 『디딤돌 최상위 수학』보다 조금 쉽습니다. 디딤돌 교육 홈페이지(didimdol.co.kr)에 문제 풀이 수업 영상이 있습니다. 못 푼 문제뿐 아니라 맞힌 문제의 강의도 보면서 자신의 문제 풀이 방식과 비교하면 더 도움이 됩니다.

영어 독해력을 키워주세요

영어에서 가장 필요한 공부 저력은 독해력입니다. 초등영어 교육과정이 말하기와 듣기 위주로 구성되어 있기 때문에 학교 영어 수업만으로 영어를 공부하게 되면 읽고 쓰는 능력이 부족하게 됩니다. 따라서 교과서의 표현을 쉽게 읽을 수 있는 초등 3학년 상위권 학생이라면 영어 독해 학습이 필요합니다. 영어 독해 교재로는 『EBS랑 홈스쿨 초등 영독해』를 추천합니다. 학습 수준이 세분화되어 처음 영어 독해를 시작하는 아이도 쉽게 따라갈 수 있습니다.

상위권 아이들을 위한 주간 루틴을 표로 나타내면 다음과 같습니다.

	월	화	수	목	금	시간
EBS 초등 만점왕 수학 플러스	강의 예습	강의 시청	강의 예습	강의 시청	.	30분
EBS랑 홈스쿨 초등 영독해	.	강의 예습	강의 시청	강의 예습	강의 시청	30분
자율 독서	읽고 싶은 책 읽기	읽고 싶은 책 읽기	읽고 싶은 책 읽기	읽고 싶은 책 읽기	읽고 싶은 책 읽기	.

이 루틴대로 학습하면, 매주 『EBS 초등 만점왕 수학 플러스』를 2차시, 『EBS랑 홈스쿨 초등 영독해』 강의를 2차시씩 공부하게 됩니다. 『EBS 초등 만점왕 수학 플러스』는 화요일과 목요일에, 『EBS랑 홈스쿨 초등 영독해』는 수요일과 금요일에 강의를 시청합니다.

강의 시청 하루 전에 예습할 때는 개념 설명 부분을 읽은 뒤 문제를 풀고 채점까지 해둡니다. 주중 루틴이 시작되고 마무리되는 월요일과 금요일은 학습량을 평소의 반으로 줄여서 학습 부담을 줄이는 게 좋습니다. 매일 마무리는 좋아하는 책을 읽으면서 학습에 대한 보상이 되도록 하는 것이 좋습니다. 간단한 독후 활동을 통해서 책의 내용을 정리하면 문해력이 자연스럽게 향상됩니다.

주말에는 자기 점검만으로 충분합니다

주말은 아이들이 다음 주의 학교생활을 준비하는 시간이기도 하면서 즐거운 휴식을 취할 수 있는 날이기도 합니다. 주말에 에너지를 보충해야 다시 공부할 수 있는 힘을 갖게 됩니다. 토요일은 즐기는 날로, 일요일은 에너지를 보충하는 날로 만들어주세요.

자유 공부의 날, 토요일

구글은 엔지니어들에게 출근 시간의 20퍼센트를 자기 프로젝트를 위해서 쓸 수 있도록 합니다. 원하는 일을 하는 만큼 업무의 성과를 높이는 계기가 된다고 합니다. 주중에 학교와 어른들이 정해주는 공부를 했으니 토요일만큼은 아이들이 하고 싶은 공부를 하도록 해주세요. 알고 싶은 곳에 찾아가는 것도 공부고, 보고 싶은 영화를 보는 것, 친척을 만나서 대화를 나누는 것도 공부가 될 수 있습니다.

같은 경험을 하더라도 무엇인가를 배우겠다는 마음으로 하면 모든 일이 공부가 될 수 있습니다. 특히 초등학교 3학년 사회에서는 우리 지역의 다양한 장소에 대해서 배웁니다. 우리 지역의 명소와 문화유산을 둘러보면 사회 시간에 더욱 흥미를 가지고 참여할 수 있습니다. 여기에 더해 오늘 새롭게 알게 된 내용을 일기로 써 보도록 하면 생각이 더 다채로워집니다.

재충전의 날, 일요일

일요일은 다음 주를 잘 보내기 위해 재충전을 하는 날로 보내는 것이 좋습니다. 일요일까지 과도하게 에너지를 쓰면, 월요일에 피곤해하는 아이도 많습니다. 일요일에 가벼운 운동, 도서관 나들이, 지난주 공부를 점검하면서 하루를 보내면 다음 주를 잘 준비할 수 있습니다. 그리고 지난주에 공부한 점검표를 점검해보도록 하세요. 점검표에서 잘 안 된 부분과 잘된 부분은 무엇인지 확인하면서 다음 주에 공부를 더 잘할 방법을 찾아보도록 하세요. 점검표 활용 방법은 앞서 원칙 6에서 살펴본 내용을 확인해주세요.

공부력을 키우는
부모의 소통법
②

한 줄 감사일기를 써보세요

저는 반 아이들과 매일 감사일기를 씁니다. 학기 초부터 시작해서 주말을 빼고 매일 쓰죠. 제가 먼저 다섯 줄의 감사일기를 네이버 밴드에 올리면, 아이들은 공책에 한 줄로 감사일기를 적고 이것을 밴드에 인증합니다. 밴드의 미션 기능을 활용하면, 참여 여부를 쉽게 알 수 있습니다.

아이들은 처음에는 귀찮아하지만, 점차 습관이 되어서 한 줄이 세 줄, 세 줄이 열 줄이 되기도 합니다. 매일 꾸준히 하는 것은 어려운 일이지만, 학급에서 아이들과 감사일기의 효과를 직접 경험해보았기 때문에 지속할 수 있습니다.

감사일기는 아이들을 긍정적으로 바꿉니다. 우리의 뇌는 생존을 위해 세계를 부정적으로 인식하는 경향이 있습니다. 세상을 부정적으로 보면 위협을 미리 감지하게 되어 생존에 도움이 됩니다. 하지만 세상을 부정적으로 보면 스트레스를 낳고, 스트레스는 사람을 지치게 합니다. 결국 성공이나 행복과는 멀어지게 됩니다.

대부분의 성공한 사람들은 긍정주의자들이라고 합니다. 학교에서도 긍정적인 아이들이 친구 관계가 안정되어 있고, 새로운 학습에 대한 도전도 쉽게 하여 학업 성적도 우수합니다.

긍정의 힘은 위대합니다. 다음은 『회복탄력성』이라는 책의 일부입니다.

긍정적 정서는 전전두엽의 활성화와 연관이 깊은 행복감이다. 이것이 진정한 행복감이다. 진정한 행복감은 나 자신과 다른 사람들에 대해 긍정적 정보를 처리할 때 얻어진다. (…) 감사하기는 나와 타인에 대한 긍정적 정보처리를 한꺼번에 함으로써 강력한 행복감을 가져다준다.

이 책에서는 감사하기가 강력한 행복감을 준다고 말합니다. 감사한다는 것은 내가 가진 것의 소중함을 아는 것입니다. 대체로 불행은 내가 가지지 못한 것에 대한 열망에서 시작됩니다. 매일 아침을 감사일기로 시작하는 아이들은 긍정적 정서로 하루를 시작하게 됩니다.

아이들은 자신의 현재 능력보다 높은 수준의 과제를 해결해야 할 때가 많습니다. 때로는 좌절할 수밖에 없습니다.

감사일기를 통해서 익힌 긍정적 정서는 실패에도 좌절하지 않는 회복탄력성을 키웁니다.

어른이 아이가 쓴 감사일기에 댓글을 달면 아이와의 관계가 좋아집니다. 저는 아이들에게 그날 하루 감사한 일을 한 줄로 쓰도록 했습니다. 그리고 그 글에 댓글로 아이 한 명 한 명에게 감사하는 말을 적었습니다. 장난꾸러기 친구들에게는 더욱 정성껏 감사의 마음을 담아서 적었습니다. 아이에게 감사할 점을 떠올리면서 내가 아이의 문제 행동에만 집중하고 있었다는 것을 알게 되었습니다. 그러면서 아이들을 더 이해하고 포용할 수 있었습니다.

아이들은 아이들 나름대로 선생님의 칭찬을 들으니 기뻐했습니다. 매일 선생님이 뭐라고 적어주실까 기대하는 눈치였습니다. 그리고 서로 선생님이 써준 것을 돌려 읽으며 즐거워했습니다. 선생님이 자신들을 진심으로 생각하고 좋아한다는 마음을 느꼈는지, 제 말에 더 귀 기울여주고 선생님이 바라는 일이라면 한번 해보겠다는 마음가짐을 보이더군요.

왜 한 줄일까요?

습관을 만들기 위해서는 매일 할 수 있을 정도로 과제가 쉬워야 합니다. 과제를 최소한으로 잡아서 매일 성공의 경험을 쌓으면 성취감을 얻어 습관 형성에 도움이 됩니다. 감사일기가 아이들의 긍정적 사고를 키우는 데 도움이 되지만, 너무 큰 노력이 들면 아이들은 감사일기를 부담스럽게 여기게 됩니다. 부담스럽게 여기면 습관 형성에 도움이 되지 않습니다.

한 줄은 최소한의 기준입니다. 한 줄을 적기 위해 잠시 생각하다 보면, 한 줄이 아니라 그 이상을 적게 되는 경우도 많습니다. 오늘 가장 감사했던 일 하나를 고민하면서 시간을 보내지 말고, 일단 생각나는 것은 무엇이든 적도록 합니다.

아이의 감사일기를 평가하지 말고 그대로 받아들이세요. 내용을 세세하게 따지다 보면 아이들이 정형화된 사고에 빠지기 쉽습니다. 아이들은 어른들이 생각하지 못하는 일들을 적기도 합니다. 공기에 감사하고, 한번도 본 적 없는 소방관 아저씨에게 감사하는 아이도 있습니다. 그 어떤 감사도 좋습니다. 감사한다는 말을 반복하는 것만으로도 좋은 기운이 감도는 것을 느낄 수 있습니다.

아이와 함께 감사일기를 쓸 때 가끔은 아이에게 감사한 일 대신 바라는 것을 적어보세요. 매번 아이의 다른 장점을 발견하는 것이 어려울 수 있습니다. 그럴 때는 한 번씩 아이에게 바라는 점을 적어봅니다. 공부 습관이 잘 안 잡힌 아이라면 "해야 할 공부를 스스로 찾아서 하는 ○○에게 감사합니다"라고 적습니다. 그러면 아이는 자기가 공부를 한 적이 언제인지 생각해보게 됩니다. 그리고 부모의 기대에 부응하기 위해서 노력하게 됩니다.

말에는 힘이 있습니다. 그리고 글은 말보다 더 강력한 힘을 가집니다. "~ 했으면 좋겠다"라는 바람을 말하는 것보다 이미 이루어진 것처럼 "~ 해줘서 감사하다"고 말하면 아이는 더 노력하게 됩니다.

감사한 일을 찾기 힘들 때는 감사할 대상을 먼저 정하세요. 감사일기 한 줄을 쓰는 것도 힘들어하는 아이가 있습니다. 그럴 때는 아무 사람이나 떠올려보고 그 사람의 장점에 감사하는 마음을 적어보도록 합니다.

감사일기의 효과는 글을 쓰는 그 자체의 과정보다 '고마웠던 일이 무엇이었는지 곰곰이 생각해보는 과정'에 있습니다. 감사일기를 쓰다 보면, 우리가 고마운 것들에 얼마나 둔감한지 알게 됩니다. 우리 주변의 사람들에게 감사한 마음을 가지면 좋은 관계가 형성됩니다.

성공이 행복을 보장하는 것이 아니라 행복한 사람이 성공으로 나아갑니다. 아이가 성공하기를 바란다면 행복감을 더 자주 느끼도록 도와주세요. 이때의 행복감은 아이스크림을 먹었을 때와 같은 일시적 행복감이 아니라 감사한 마음을 가지고 주변 사람들에게 베풀었을 때 나오는 충만함입니다. 전자보다는 후자가 더 오래 지속되며 삶에 긍정적인 영향을 미칩니다. 한 줄 감사일기로 충만한 행복감을 느껴보세요.

3장

초3
과목별
공부
공략법

국어: 언어 능력부터 시작하세요

국어 실력은 대화와 어휘가 우선

청소 시간에 윤호와 민규 사이에 다툼이 생겨 상담을 했습니다. 먼저 윤호에게 무슨 일이 있었는지 물어보았습니다. 윤호가 지나가는데 갑자기 민규가 화를 냈다는 것이었습니다. 이번에는 민규에게 무슨 일이 있었는지 물어보았습니다. 민규 말로는, 자기가 교실 바닥을 청소하면서 휴지를 한쪽에 모아두었는데 윤호가 지나가면서 휴지가 흩어졌다는 거였습니다. 그래서 윤호에게 "뭐하는 거야?"라고 물었답니다.

다시 윤호에게 물었습니다.

"윤호야, 민규가 뭐라고 했는지 말해볼래?"

"… 잘 모르겠어요."

윤호는 민규가 한 말을 제대로 이해하지 못했습니다. 민규가 몇 번이나 같은 말을 반복하고 나서야 윤호는 민규의 말을 이해할 수 있었습니다. 감정이 격해진 상태였지만, 다른 아이들보다 듣는 능력이 부족한 것을 알 수 있었습니다. 윤호에게 상황을 설명한 다음 다시 물어보았습니다.

"윤호야, 민규가 화를 냈을 때 기분이 어땠어?"

"기분이 … 나빴어요."

윤호는 민규가 화를 냈을 때 기분이 나빴다고 했습니다.

사정을 더 듣고 보니 학기 초부터 윤호와 민규 사이에 갈등이 잦았다는 것을 알게 되었습니다. 윤호의 복잡한 감정을 담기에 기분이 나빴다는 말은 너무 단순했을 것입니다. 하지만 윤호의 어휘력이 한계에 부딪힌 것이지요.

아이들의 갈등이 해결된 뒤에 윤호의 언어 능력이 걱정되어 윤호 어머니께 전화를 걸었습니다. 윤호 어머니는 어릴 때 윤호의 말이 늦어서 걱정이 많으셨다고 했습니다. 국어 공부를 어떻게 하는지 물어보자 요즘은 보통 집에서 국어 문제집을 풀고 있다고 말씀해주셨습니다. 저는 가정에서 어른과 대화가 많이 필요하고, 문제집보다는 독서와 어휘 공부로 자기 생각을 표현할 수 있는 공부가 먼저 이루어져야 한다고 말씀드렸습니다.

이후 윤호는 반에서 매달 두 권의 책을 함께 읽고, 랜선 공부 프로젝트에 참여해 『EBS 어휘가 독해다 초등 국어 어휘』(기본편, 실력편)로 어휘 공부도 했습니다. 이를 통해 윤호의 표현력이 조금씩 좋아졌습니다. 자기 감정을 정확하게 말할 수 있게 되니 다른 아이들과의 관계도 좋아져서 다툼도 없어졌습니다.

어느 날 국어 시간에 '당황하다'라는 표현이 나왔습니다. 저는 '당황하다'라는 말의 뜻을 아는 친구가 있는지 물었습니다. 윤호가 웃으면서 답했습니다.

"너무 놀라서 어쩔 줄 모르는 거예요! 랜선 공부 프로젝트할 때 배웠어요."

윤호의 얼굴에서 이전에는 느낄 수 없던 자신감이 보였습니다.

국어는 모든 교과 학습의 토대

국어의 하위 영역은 듣기·말하기, 읽기, 쓰기와 같은 '언어 능력'과 문법, 문학과 같은 '교과 지식'으로 나뉩니다. 언어 능력은 '언어를 사용하는 공부'입니다. 수영을 잘하려면 이론보다 실전 연습이 더 도움이 되듯이 듣기·말하기, 읽기, 쓰기는 언어를 실제로 사용하면서 실력이 느는 영역입니다. 문법과 문학 실력을 키우려면 실생활과 학교 수업에서 언어 사용 경험을 풍부하게 하는 것이 중요합니다.

문법과 문학은 '언어에 대한 공부'입니다. 문법을 통해 언어를 바르게 사용하는 방법을 직접 배우고, 문학을 통해 언어를 활용하여 창의적으로 표현하는 방법을 배웁니다. 이런 공부는 학교 수업을 통해 제대로 배우며 토대를 마련해야 합니다. 초등학교 국어 공부라고 하면 단순히 교과 지식을 학습하는 것이라고 생각하는 경우가 많습니다. 하지만 다른 교과 학습의 토대가 되고 실생활에 직접 영향을 미치는 진짜 국어 실력을 키우려면 초등 시기부터 언어 능력을 키우는 활동에 집중해야 합니다.

언어 능력은 듣기, 말하기로 구성된 음성언어 능력과 읽기, 쓰기로 구성된 문자언어 능력으로 나뉩니다. 요즘은 문해력이라고 해서 읽기와 쓰기 능력의 중요성이 커지고 있습니다. 하지만 읽기와 쓰기뿐만 아이라 듣기와 말하기 같은 음성언어 능력에도 주목해야 합니다.

아이들은 어른들의 대화를 통해 듣고 말하는 방법을 배웁니다. 그런데 요즘은 유행어나 줄임말 사용도 많아 제대로 된 대화가 이루어지지 않으니 자연스럽게 듣기 능력을 연습할 기회가 적습니다. 음성언어 사용 능력은 읽고 쓰는 능력의 기반이 됩니다. 제대로 듣지 못하는 아이는 글을 읽고도 그 의미를 파악하기 어렵습니다. 제대로 말하지 못하는 아이는 자기 생각을 쓰지 못합니다. 그래서 먼저 음성언어 능력을 키워야 합니다.

다음의 표는 초등학교 3학년 학생의 국어 수준 진단 체크리스트입니다. 기초 수준에서는 음성언어 능력, 즉 듣고 말하는 능력을 키웁니다. 기본 단계에서는 문자언어 능력, 즉 교과서의 내용을 읽고 쓰는 능력을 키웁니다. 응용 단계에서는 문제 풀이를 통해서 교과 지식과 언어 능력을 점검합니다. 심화 단계는 기초, 기본, 응용 단계와 상관없이 자신이 좋아하는 책을 읽으면서 언어 능력을 자연스럽게 키웁니다.

단계	항목	Yes	No
기초	1. 다른 사람이 하는 말을 집중해서 듣는 태도를 지녔나요?		
	2. 다른 사람이 하는 말의 주요 내용을 잘 기억하나요?		
기본	3. 낱말을 잘못 읽는 경우 없이 유창하게 읽나요?		
	4. 교과서 문장을 듣고 똑같이 쓸 수 있나요?		
	5. 국어 교과서 한 문단에 모르는 낱말이 3개 이상인가요?		
	6. 교과서 글을 읽고 질문에 답을 쓸 수 있나요?		
응용	7. 국어 활동을 혼자서 해결할 수 있나요?		
	8. 단원평가의 정답률이 80퍼센트 이상인가요?		

심화	9. 하루에 1시간 이상 자유 독서를 하나요?		
	10. 독후 활동을 하고 있나요?		

기초: 일상에서 음성언어 능력 키우기

말하기보다 듣기가 우선입니다

초등학교 3학년이 되면 수업에 참여하는 태도가 저학년 때와 달라집니다. 저학년 수업은 활동과 놀이 위주지만, 3학년부터는 수업 시간에 본격적으로 학습에 들어가기 때문입니다. 그러다 보니 수업 시간에 열심히 발표하는 아이가 있는가 하면 그렇지 않은 아이들도 있습니다.

부모님들과 상담을 하면 아이가 발표를 자주 하지 않아서 걱정이라고 하시는 분이 많습니다. 저는 발표력을 키우려면 일단 잘 듣는 훈련이 필요하다고 말씀드립니다. 잘 듣는 아이는 새로운 정보를 받아들이는 데 익숙합니다. 그런 아이는 풍부한 배경지식을 가지게 되어 발표할 거리가 많습니다.

잘 듣는 아이는 다른 아이의 말을 듣고 자신의 경험을 떠올려 발표할 수 있습니다. 이처럼 듣기 능력을 키우면 말하기는 자연스럽게 좋아지는 경우가 많습니다. 잘 듣는 아이는 선생님이나 다른 사람이 물어보는 요지를 정확하게 파악해서 알맞은 대답을 할 수 있습니다. 가끔 이야기할 때 주제와 상관없는 이야기를 한다면 상대의 말을 잘 듣지 않는 아이일 가능성이 큽니다.

일상생활 속 듣기 능력 키우기

아이들의 듣기 능력을 키우려고 따로 듣기를 공부할 필요는 없습니다. 일상생활에서 듣기 능력을 키울 수 있는 자극을 주는 것만으로 충분합니다.

아이에게 무엇인가를 알려준 뒤에 구체적으로 물어보세요. "이해했지?" "알겠지?" 같은 질문에 아이들은 "네"라고 말합니다. 아이들은 귀찮거나 정말 알고 있다고 생각해서, 혹은 부모를 실망시키고 싶지 않아서 그렇게 대답합니다. 예를 들어 "3시에 영어 학원에 가야 한다"고 말한 다음에는 "영어 학원 몇 시에 간다고?" 하는 식으로 구체적인 질문을 해주어야 합니다. 이런 연습이 반복되면 중요한 정보를 스스로 점검하면서 듣게 됩니다.

오디오북도 듣기 능력을 키우는 데 도움이 됩니다. 일부러 시간을 내 듣는 것보다 차로 이동할 때와 같이 틈새 시간을 활용하는 것이 좋습니다. 유튜브에서 초등 오디오북을 검색하면 아이들이 좋아하는 콘텐츠들이 나옵니다. 제가 자주 사용하는 영상은 '안나의 북튜브' 채널의 '153가지 탈무드 이야기'입니다. 중간중간 이야기를 끊어가면서 아이의 생각을 들어보면 듣기 실력은 물론 사고력까지 자극할 수 있습니다. 독서 애플리케이션인 '밀리의 서재'의 어린이 오디오북도 활용할 수 있습니다.

음성언어 능력이 중요한 이유는 듣기 능력이 바탕이 되어야 비로소 랜선 공부를 할 수 있기 때문입니다. 어릴 때부터 미디어에 노출된 아이들은 듣는 것보다 보는 것에 익숙합니다. 랜선 공부의 기본은 강의를 듣는 행위입니다. 듣기 능력이 부족한 아이들은 강의에서 배우는 것이 적기 때문에 학습 효과가 떨어질 수밖에 없습니다.

기본: 읽기 능력 키우기

읽기 능력에는 3단계가 있습니다. 글자와 소리를 연결하는 문자-소리 단계(교과서 글을 유창하게 읽기가 어려운 아이), 소리의 의미를 해석하는 소리-의미 단계(교과서 한 문단에 모르는 낱말이 많은 아이), 의미와 의미를 연결하는 의미-의미 단계(교과서 글을 읽고 질문에 답을 못하는 아이)입니다.

초등학교 국어 교과서의 지문은 문장 구조, 문장의 길이, 전체 글의 길이 등에서 해당 학년의 읽기 수준을 고려했기 때문에 읽기 능력을 알아보기에 가장 좋은 도구입니다. 교과서에서 긴 지문을 하나 읽게 해본 다음 체크리스트에 맞춰 아이를 평가하면 아이의 읽기 단계를 파악할 수 있습니다.

문자-소리 단계

문자-소리 단계가 완벽하게 이루어지지 않는다면, 책을 소리 내 낭독하는 것이 좋습니다. 낭독에는 다양한 방법이 있습니다. 혼자 낭독하는 것이 아이들에게는 고통스러울 수 있으므로 아이와 함께 낭독하는 것이 좋습니다. 아이들이 좋아하는 책을 한 권 정해서 부모와 아이가 한 줄씩 번갈아 읽는 것입니다. 책을 읽을 때 '쉼표가 나올 때까지 읽는다'와 같이 게임 같은 요소를 넣으면 아이들은 더 즐겁게 낭독에 참여합니다.

낭독이 좋은 이유는 생각의 속도에 읽기의 속도를 맞추기 때문입니다. 눈으로만 읽으면 읽는 속도가 생각의 속도보다 빨라집니다. 책을 읽었다는 느낌만 줄 뿐 사고의 확장이 일어나지 않습니다. 아이들에게는 책을 읽으며 깊이 있는 생각을 하는 물리적인 시간이 필요합니다. 계속해서 소리 내 읽다 보면 문자와 소리의 연결이 빠르고 견고해져서 스스로 책 읽는 것을 즐기게 됩니다. 만약 아이가 소리 내 읽기를 싫어하면 낭독할 책 한 권, 묵독할 책 한 권씩 고르게 해서 읽도록 합니다.

낭독에 익숙해지면, 교과서 문장을 듣고 그대로 써보는 받아쓰기를 해보도록 합니다. 인터넷에서 받아쓰기 급수표를 다운받아 활용해도 되고, '교과서 받아쓰기' 애플리케이션을 활용해 연습한

다음 틀린 문제만 복습할 수도 있습니다. 익숙해지면 아이가 혼자 받아쓰기를 연습할 수 있습니다.

소리-의미 단계

교과서 지문에서 모르는 낱말이 한 문단에 3개 이상 나온다면 자신의 학년에 비하여 어휘력이 부족한 상태입니다. 이럴 경우, 글의 내용을 파악하기도 힘들고 글에서 재미를 느끼기도 어렵습니다.

어휘력을 키우는 이상적인 방법은 자신의 수준에 맞는 책을 읽는 것입니다. 앞뒤 문맥을 통해 새로운 어휘의 뜻을 파악하고 새로운 낱말의 뜻과 사용 예시를 정리하여 단어장을 만들어보세요.

어휘력을 늘리는 데 좋은 교재는 『EBS 어휘가 독해다 초등 국어 어휘』 시리즈입니다. 이 시리즈는 새로운 어휘를 8개 배우고 이를 문제로 점검하는 형식으로 구성되어 있습니다. 국어, 수학, 사회, 과학 교과서에서 나오는 어려운 어휘를 다루기 때문에 다른 과목의 내용을 이해하는 데 큰 도움이 됩니다. 1~2학년용 입문, 3~4학년용 기본, 5~6학년용 응용 총 세 권으로 구성됩니다.

『EBS 어휘가 독해다 초등 국어 어휘』

국어, 수학, 사회, 과학 교과서에 나온 중요 어휘를 정리하고, 그 어휘의 뜻과 용례를 설명합니다. 비슷한 말, 반대말과 같은 연관 어휘도 포함되어 있어 어휘 지식을 폭넓게 배울 수 있습니다.

▶ **장점**: 1~2학년 입문, 3~4학년 기초, 5~6학년 실력으로 구성되어 있어 자신의 수준에 맞춰서 공부할 수 있습니다. 평소에 잘 쓰지 않는 낱말을 배우고 문제를 통해서 익힐 수 있습니다. 교재를 공부하고 난 뒤에 강의를 들으면 복습하는 효과가 있습니다.

▶ **주의점**: 배운 낱말을 사용해서 글을 써보는 연습을 해야 합니다. 자신의 공책에 낱말을 활용해서 짧은 글을 짓는 연습을 하도록 해주세요.

의미-의미 단계

교과서 글을 읽고 난 뒤에 질문에 답을 쓸 수 없다면, 학년에 비해서 독해력이 부족한 상태입니다. 독해력은 책을 읽으면서 자연스럽게 성장합니다. 아이들은 주로 이야기책을 즐겨 읽지만, 독해력을 키우기 위해서는 다양한 형식의 글을 읽을 필요가 있습니다. 『EBS 초등 4주 완성 독해력』은 다양한 형식의 글을 통해 독해 방법을 배울 수 있는 교재입니다.

『EBS 초등 4주 완성 독해력』

초등 교과목과 관련된 2~3개의 지문을 읽고 그 글을 분석하고 이해하는 능력을 키울 수 있도록 구성되어 있습니다. 각 학년에 맞는 총 6단계의 교재로 구분되며, 강의 영상이 15분 정도로 짧아서 하루에 한 번 학습하기에 적당합니다.

▶ **장점**: 선생님이 글을 생생하게 낭독해주기 때문에 교과서의 글을 꼼꼼히 읽지 못하는 아이들에게 효과적입니다.

▶ **주의점**: 매일 1강씩 공부하면 4주 안에 마칠 수 있지만, 단기간에 몰아서 하기보다는 일주일에 1회 정도 학습하는 것이 지속적인 독해력 향상에 도움이 됩니다.

응용: 교과 지식 정복하기

국어 활동을 혼자서 해결하거나 단원평가에서 80퍼센트 이상 정답률을 보인다면 교과 지식을 충분히 갖추었다고 할 수 있습니다. 교과 지식의 완성도를 높이고 싶다면 〈EBS 만점왕〉 강의 교재를 활용해보세요. 〈EBS 만점왕〉 국어 강의는 개념편과 문제편으로 구성되어 있습니다.

개념편 강의는 교과서의 핵심 개념에 관한 문제를 풀면서 확인할 수 있도록 되어 있습니다. 3학년 학생들이 어려워하는 서술형 문제까지 포함하고 있어서 상시 평가에 대비할 수 있습니다.

문제편 강의는 단원평가를 풀면서 교과 내용을 점검할 수 있도록 구성되어 있습니다. 복습용으로 문제를 풀고 틀린 문제 위주로 강의를 보는 것이 적당합니다. 모든 문제를 영상을 통해서 복습하면 국어의 경우에는 핵심 내용이 반복되기 때문에 지루해합니다. 초등 국어에서 중요한 것은 교과 지식보다 언어 능력이므로 문제 풀이에 너무 많은 에너지를 쏟지 않는 것이 좋습니다.

심화: 독서로 문해력 키우기

좋아하는 책을 읽으면 문해력이 더 향상됩니다. 문해력이란 글을 읽고 이해하는 능력입니다. 한 줄을 읽어도 많은 생각을 해낼 수 있는 아이가 있는가 하면, 한 권을 다 읽어도 아무런 생각도 할 수 없는 아이가 있습니다. 문해력이 잘 발달된 아이는 문자의 의미를 이해하고 문장과 문장, 문단과 문단 사이에 생략된 것이나 그 이상의 것들을 생각해낼 줄 압니다.

문해력을 키우기 위해서는 아이들이 좋아하는 책을 읽어야 합니다. 자기가 고른 책은 조금 어려운 내용도 읽어내기 때문입니다. 또한 매일 꾸준히 읽는 습관이 있어야 합니다. 문해력은 계단형으로 성장합니다. 성장이 느껴지지 않는 기간에도 꾸준히 읽다 보면 어느 순간 크게 성장한 아이의 모습을 보게 됩니다.

독후 활동은 독서의 효과를 높입니다. 그렇다고 해서 초등 3학년 단계부터 너무 많은 독후 활동을 하다 보면, 독서에 흥미를 잃어버리게 됩니다. 3학년 수준에 맞는 독후 활동은 책을 읽고 느낀 점, 좋았던 문장을 한두 줄 정도로 쓰는 것입니다.

책을 읽다가 모르는 단어가 나오면 국어사전에서 찾아보고 자신만의 단어장을 만드는 것도 좋은 독후 활동입니다. 무엇보다 아이가 즐길 수 있을 정도의 독후 활동을 하는 것이 좋습니다. 짧은 글쓰기에 부담을 갖지 않는 수준이 된다면 조금씩 글의 양을 늘려서 몇 줄 이상 쓴다는 최소 기준만 정해주는 식으로 독후 활동을 합니다.

지역 도서관이나 동화 작가들이 개설하는 온라인 독서토론 수업에 참여해보세요. 이런 활동을 하면 책을 읽고 난 뒤에 드는 생각을 다른 사람의 생각과 비교하게 되어 깊이 있는 독서를 할 수 있습니다. 토론하기, 글쓰기를 통해서 자연스럽게 독후 활동도 됩니다.

저도 줌 수업 1교시는 온라인 독서토론 수업을 했습니다. 제가 책을 낭독하면, 아이들은 느낀 점을 공유하고, 글로 적었습니다. 그렇게 한 학기 동안 총 여덟 권의 책을 읽자 아이들에게 긍정적인 변화가 생겼습니다. 책을 끝까지 읽어본 적이 없는 아이들이 한 권의 책을 끝까지 읽으면서 책 읽는 재미를 느끼게 된 것입니다. 이미 읽어본 책이지만 함께 읽으면서 책 속의 새로운 의미를 파악하는 아이도 있었습니다.

초등 3학년 국어 학습 수준과 랜선 공부 방법을 정리하면 다음 표와 같습니다.

	기초	기본	응용	심화
학습 내용	음성언어 능력 (듣기, 말하기)	문자언어 능력 (읽기, 쓰기)	교과 지식 + 언어 능력	문해력
랜선 공부	• 일상생활 개선 • 오디오북	낭독 → 받아쓰기 → 『EBS 어휘가 독해다 초등 국어 어휘』 → 『EBS 초등 4주 완성 독해력』	〈EBS 만점왕〉	• 자유 독서+독후 활동 • 온라인 독서토론 수업

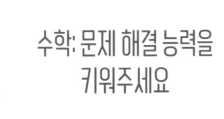

자신감이 중요한 수학

3학년 1학기 수학 문제는 받아올림이 없는 세 자릿수 덧셈으로 시작합니다. 대부분의 아이들이 잘해내는 가운데 손가락으로 덧셈을 하는 아이가 보입니다. 나윤이입니다. 나윤이는 받아올림이 없는 덧셈과 뺄셈도 손가락을 동원해서 계산해야 할 정도로 연산을 어려워했습니다.

저는 2학년 1학기 수준의 『EBS 초등 계산왕』 교재로 나윤이와 함께 계획을 짜고 스스로 공부하도록 해주었습니다. 나윤이는 개념 설명 영상을 시청하고 하루에 세 장씩 연산 문제를 풀면서 스스로 공부했습니다.

어느 날 저에게 나윤이가 다가와서 『EBS 초등 계산왕』 교재를 내밀었습니다. 책 끝이 너덜너덜한 것이 열심히 공부한 흔적이 보입니다.

"나윤아, 벌써 다 푼 거야?"

"네, 다 풀었어요."

"오! 힘들지 않았어?"

"처음에는 좀 힘들었는데 하다 보니까 쉬웠어요."

"그랬구나. 진짜 대단하다."

연산의 어려움을 극복하고 난 뒤 나윤이는 수학에 자신감을 갖게 되었습니다. 수학 교과서에 있는 평가 질문인 '얼마나 알고 있나요?'는 물론이고 수학 단원평가도 혼자 풀 수 있게 되었습니다.

초등학교 3학년 아이들이 수학을 어려워하는 이유에는 세 가지가 있습니다. 첫째는 연산 능력의 부족입니다. 초등학교 수학 단원의 대부분이 연산인데, 연산이 흔들리면 수학 전체에서 자신감을 잃게 됩니다. 둘째는 개념 이해력이 부족한 경우입니다. 수학은 나선형 구조로 구성되어 있어 이전 학년에서 배운 개념을 제대로 알지 못하면 새로운 개념을 익히기 어렵습니다. 셋째는 문제 해결력의 부족입니다. 연산 능력과 개념 이해력이 있는 아이들이 새로운 유형의 수학 문제를 풀 때 어려워하는 이유는 문제 해결력이 부족하기 때문입니다.

다음 표는 초등학교 3학년 수학 수준 진단 체크리스트입니다. 기초 수준 아이들은 덧셈, 뺄셈과 곱셈이 부족한 아이들입니다. 이런 기초 연산 능력이 튼튼하지 않으면 새로운 개념을 익히기 어렵습니다. 기본 수준은 수학익힘책과 수학 교과서의 '얼마나 알고 있나요'를 풀 수 있는 수준입니다. 수학 시간에 배운 개념을 알고 있다면 쉽게 풀 수 있는 문제들입니다.

응용 수준은 수학 시간에 배운 개념을 활용해서 문장제 문제를 풀 수 있는 단계입니다. 응용 수준을 갖춘 아이들은 단원평가에서 80퍼센트 이상의 정답률을 보입니다. 심화 수준은 개념을 활용해서 고민이 필요한 문제들을 풀 수 있는 정도입니다.

수준	항목	Yes	No
기초	1. 받아올림이 있는 덧셈을 잘할 수 있나요?		
	2. 받아내림이 있는 뺄셈을 잘할 수 있나요?		
	3. 곱셈 구구를 빠르고 정확하게 외울 수 있나요?		
기본	4. 수학익힘책을 스스로 풀 수 있나요?		
	5. '얼마나 알고 있나요'를 풀 수 있나요?		
응용	6. 단원평가의 정답률이 80퍼센트 이상인가요?		
심화	7. 고민이 필요한 문제를 풀 수 있나요?		

기초: 연산 능력 키우기

연산 능력이 부족한 경우는 같은 유형만 반복적으로 틀리는 유형과 연산이 전반적으로 불안정한 유형으로 나뉩니다. 아이가 지난 학기에 사용한 교과서와 익힘책의 연산 단원을 유심히 살펴보면 아이가 어떤 유형인지 알 수 있습니다. 특정 연산 능력이 부족한 경우라면, '일일수학'(11math.com)을 이용하면 좋습니다. 일일수학에서 아이가 힘들어하는 부분을 집중적으로 공부해보세요. 연산이 전반적으로 약하다면 시중의 연산 문제집을 풀어도 됩니다. 이때 너무 연습을 많이 하는 바람에 아이가 수학에 흥미를 잃지 않도록 유의해야 합니다. 매일 적당한 양만큼을 풀도록 조절하는 것이 좋습니다.

수학 공부에 흥미가 없는 아이라면 '똑똑 수학탐험대'의 자유 활동을 이용해서 수학 연산을 연습할 수 있습니다. 똑똑 수학탐험대는 교육부에서 만든 수학 학습 애플리케이션입니다. 게임과 같이 재미있는 활동으로 구성되어 수학을 즐기며 익힐 수 있습니다.

똑똑 수학탐험대

초등학교 1~2학년의 교육과정을 학습할 수 있는 애플리케이션입니다. 초등학교 3학년 학생들에게 반드시 필요한 연산 능력인 받아올림과 받아내림이 있는 덧셈과 뺄셈, 곱셈구구를 게임을 통해서 연습할 수 있습니다.

> ➤ **장점**: 게임으로 연산을 연습할 수 있어서 평소에 수학에 관심이 없는 아이들에게 활용하기 좋습니다.
>
> ➤ **주의점**: 1~2학년의 활동만 제공하기에, 연산 연습이나 1~2학년 개념 복습용으로 사용할 수 있습니다. 연습장과 연필을 준비해서 복잡한 문제는 암산하지 말고 손으로 풀도록 하는 것이 좋습니다. 또 풀이 방법을 모를 때는 답을 찍지 말고 어른에게 도움을 요청하라고 해야 합니다.

기본: 스마트 기기 활용하기

수학의 기본 수준은 교과서의 개념을 파악하는 단계입니다. 이 수준을 달성한 아이들은 각 단원의 '얼마나 알고 있나요?'를 잘 풀 수 있습니다. 각 단원의 정리 차시인 '얼마나 알고 있나요?'는 해당 단원의 개념을 잘 알고 있다면 쉽게 풀 수 있는 수준의 문제 5~6개로 이루어져 있습니다.

'얼마나 알고 있나요?'를 자주 틀린다면 반드시 그 이유를 분석해야 합니다. 연산을 틀렸다면 틀린 연산을 반드시 보충 문제 풀이로 복습해야 합니다. 연산을 틀린 경우가 아니라면 단원의 개념 이해가 제대로 되지 않은 것입니다. 이전 학년도의 개념을 복습할 때는 먼저 수학 교과서와 수학익힘책으로 개념을 충분히 익히도록 합시다. 이때 활용하기 좋은 자료가 경기초등온배움교실(온배움교실.kr)입니다.

경기초등온배움교실에는 1학년부터 6학년 수학 전 단원의 차시별 학습지와 해설 영상이 있습니다. 해설 영상이 6~7분 정도여서 빠르게 학습을 점검할 때 유용합니다. 3학년 개념을 복습할 때는 칸아카데미로 문제를 풀도록 합니다. 문제를 푼 다음 틀린 부분을 바로 확인할 수 있어 연습장에 연필로 계산 기록을 남겨두는 것이 좋습니다.

학교 수업만으로 수학 개념을 잘 파악하지 못한다면 아이스크림 홈런과 같은 스마트 기기형 학습으로 복습해보세요. 스마트 기기형 학습은 문제를 풀고 나면 틀린 문제를 다시 풀도록 해서 자연스럽게 수업 중에 내가 알고 있는 부분과 그렇지 않은 부분을 확인할 수 있습니다.

스마트 기기형 학습은 학교 수업과 동일한 학습 절차를 따르는 경우가 있어서 아이들이 학습 내용에 매우 익숙하게 됩니다. 그래서 예습으로 활용하면 학교 공부에 흥미를 잃는 경우가 많으니 복습으로 활용하는 것이 좋습니다.

아이스크림 홈런(home-learn.co.kr)

전용 스마트 기기를 사용하는 학습 도구입니다. 스마트폰이나 스마트패드를 사용하지 않기 때문에 공부 중에 다른 애플리케이션을 사용할 염려가 없습니다. 학교 공부를 예습하고 복습할 수 있는 영상과 각 차시별 평가를 제공합니다. 각 평가 자료에서 틀린 문제를 모아 오답 노트를 자동으로 만들어주며, 각 문제에 맞는 맞춤 해설 강의를 들을 수 있습니다.

아이스크림 홈런과 같은 유형의 엘리하이(junior.mbest.co.kr), 밀크티(milkt.co.kr)도 10일 체험이 가능하므로 함께 신청해 아이가 가장 좋아하는 학습 도구를 활용하는 것이 좋습니다.

▶ **장점**: 차시별 평가, 단원평가, 서술형 평가로 평가 체계가 잘 구성되어 있어 아이의 학습 수준을 잘 평가할 수 있습니다. 틀린 문제와 비슷한 유형의 문제를 풀도록 해서 따로 오답 노트를 만들 필요가 없습니다. 학습이 데이터로 누적되고 학습 결과에 따라 빠른 피드백을 해주기 때문에 학부모님이 따로 학습을 고민할 필요가 없습니다.

▶ **주의점**: 교과서와 같은 내용으로 구성되어 있어 예습으로 사용할 경우 학교 수업에 집중하기 힘들 수 있습니다. 아이가 학교 수업을 지루해한다면 복습용으로 사용해주세요. 학습 포인트 제도가 있어서 스스로 공부를 잘하는 아이들의 학습 동기를 저해할 수 있습니다. 반복되는 학습에 지루함을 느끼는 아이, 학습에 큰 흥미를 느끼지 못하는 아이에게 추천합니다.

응용: 문제 해결력 키우기

단원평가 문제는 개념 이해 문제와 문제 해결력 문제로 구성되어 있습니다. 개념 이해 문제는 교과서와 수학익힘책 수준의 문제로 쉽게 풀 수 있습니다. 문제 해결력 문제는 개념을 알고 있더라도 일상적인 사고력을 사용해야 하는 문장제 문제들입니다.

이런 문제를 어려워하는 첫째 이유는 독서가 뒷받침이 되지 않아서입니다. 문제를 읽고도 그 상황을 머릿속에 그려내지 못하기 때문입니다. 이 경우 문장제 문제를 푸는 방법을 익히면 문장을 이해하는 데 도움이 됩니다.

문제에서 무엇을 묻는지 파악하는 것이 문장제 문제를 푸는 첫 단추입니다. 그래서 문제의 핵심 단어에 동그라미를 치면서 문제를 풀면 좋습니다. 이렇게 동그라미를 치면 정답을 쓸 때 단위를 안 쓰는 오류를 줄일 수 있습니다. 또한 문제를 풀기 위한 주요 힌트에 밑줄을 긋도록 합니다. 이렇게 문제의 질문을 구조화하는 습관을 지니면 문해력이 부족한 아이들도 문장을 읽고 이해하는 데 도움이 됩니다.

문장제 문제를 못 푸는 두 번째 이유는 문제를 읽고 식을 쓰는 습관이 없기 때문입니다. 식을 쓰는 과정은 문자로 된 상황을 수학적으로 번역하는 과정입니다. 식을 쓰는 것이 습관이 되면, 다른 문장제 문제를 읽을 때도 수학적으로 어떻게 변형을 시켜야 할지 고민하면서 읽게 됩니다. 가로식으로 먼저 쓴 뒤에 계산이 복잡하다면 암산으로 풀지 말고 세로식으로 풀도록 합니다.

응용 단계에 이르면 스스로 예습과 복습을 할 수 있습니다. 개념을 예습하기에 좋은 교재는 『EBS 초등 기본서 만점왕 수학』입니다. 이 책은 개념 확인 학습, 교과서 내용 학습, 단원평가로 이루어져 있습니다. 개념 부분을 읽고 난 뒤에는 강의 영상을 시청합니다. 그 뒤에 문제를 풀고 틀린 문제에 대한 강의를 보는 것이 좋습니다.

틀리는 문제가 많다면 틀린 문제는 물론 맞힌 문제까지 강의를 시청하도록 해주세요. 문제 풀이를 보면서 핵심 개념에 대한 복습이 이루어지기 때문입니다. 틀리는 문제가 거의 없다면 문제 해결력까지 함께 높일 수 있는 다른 문제집을 풀어보면 됩니다.

응용 단계에 이른 아이들에게는 디딤돌 초등 수학 시리즈를 추천합니다. 『디딤돌 초등수학 원리』와 『디딤돌 초등수학 기본』은 『EBS 초등 기본서 만점왕 수학』과 비슷한 수준으로, 실력을 더 탄탄하게 쌓는 데 도움이 됩니다.

심화: 수학적 사고력 키우기

심화 수준은 학교 공부보다 더 깊게 수학을 공부하고 싶은 아이들을 위한 단계입니다. 현재 공부하고 있는 단원의 어려운 문제를 풀면서 실력을 더 높이는 것입니다. 심화 학습의 기본 교재는 『EBS 초등 만점왕 수학 플러스』를 사용합니다. 『디딤돌 초등수학 기본+응용』과 비슷하거나 조금 쉬운 수준입니다.

방학 때 『EBS 초등 기본서 만점왕 수학』으로 예습한 학생이라면 『EBS 초등 만점왕 수학 플러스』의 개념 강의로 복습하고 『디딤돌 최상위 초등수학S』나 『디딤돌 최상위 초등수학』을 도전해봅니다. 이때 모르는 문제라고 해서 그냥 넘어가지 말고 5분 이상 고민해보는 게 좋습니다.

처음 아이들이 심화 문제를 풀면 고민해서 집중하는 시간을 견

디지 못합니다. 단순한 연산 문제만 풀어본 아이들은 쉬운 문제만 풀고 싶어 합니다. 하지만 수학을 제대로 공부하기 위해서는 깊은 사고를 할 수 있어야 합니다. 맞고 틀리는 것에 큰 의미를 두지 않고 계속 도전하도록 해주세요. 아이가 하기 싫어하면 방학 때와 같이 시간이 많을 때 풀어보도록 합니다.

『EBS 초등 만점왕 수학 플러스』

『EBS 초등 기본서 만점왕 수학』의 심화용 교재입니다. 단원별로 5강으로 구성되어 있습니다. 개념+교과서 넘어 보기, 응용력 높이기, 단원평가로 구성되어 있습니다. 각 단원의 1~2강에서는 교과서의 주요 개념을 문제를 통해서 알아봅니다. 3강에서는 응용력과 수학적 사고력을 높일 수 있는 문제를 풀어볼 수 있습니다. 4강과 5강에서는 단원평가를 풀어봅니다. 단원별로 단원평가가 2회 제공되는데 1회 단원평가보다 2회의 단원평가가 더 어렵습니다.

▶ **장점**: 초등 수학의 개념 이해와 응용력을 함께 키울 수 있습니다. 수학 예습이 잘된 학생이라면 개념 부분은 가볍게 복습하는 마음으로 영상을 시청해도 됩니다.

▶ **주의점**: 『EBS 초등 기본서 만점왕 수학』의 심화 교재이기 때문에 '만점왕' 수학 교재를 잘 풀 수 있을 때 사용해주세요.

지금까지 말씀드린 초등 3학년 수학 학습 수준에 따른 랜선 공부를 정리하면 다음 표와 같습니다.

	기초	기본	응용	심화
학습 내용	연산	개념 파악	문제 해결	심화 문제
랜선 공부	• 일일 연산 • 『EBS 초등 계산왕』 • 똑똑 수학탐험대	• 칸아카데미 • 아이스크림 홈런	『EBS 초등 기본서 만점왕 수학』	• 『EBS 초등 만점왕 수학 플러스』 • 『디딤돌 최상위 초등수학』

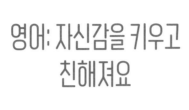

영어: 자신감을 키우고
친해져요

학습 양극화가 심해지는 영어

초등 영어 교육과정의 특징은 말하기와 듣기 위주로 이루어져 있다는 점입니다. 초창기 초등 영어 교과서는 3학년과 4학년 교과서에 아예 알파벳이 등장하지 않을 정도였습니다. 다행스럽게도 수차례의 개정을 통해 문자 언어의 비중이 늘어났습니다. 하지만 여전히 읽고 쓰기에 대한 비중이 턱없이 부족합니다.

읽고 쓰기가 빈약한 교육과정은 5~6학년에 큰 영어 학습 격차를 낳습니다. 주당 2~3시간의 영어 노출만으로 초등 영어 교육과정을 따라가기 힘든 것이 현실입니다. 영어 학습의 양극화를 막기 위해서는 학교 공부에만 의존해서는 안 됩니다.

다음은 초등학교 3학년 영어 수준 진단 체크리스트입니다. 아이가 어느 수준에 속하는지 알아보시길 바랍니다.

	항목	Yes	No
기초	1. 영어의 소리에 익숙한가요?		
	2. 알파벳 대소문자를 쓸 수 있나요?		
	3. 자음의 대표 소리를 알고 있나요?		
기본	4. 교과서의 주요 표현을 듣고 대답할 수 있나요?		
	5. 교과서의 주요 어휘와 표현을 읽고 쓸 수 있나요?		
응용	6. 교과서 외에 다양한 표현을 듣고 이해할 수 있나요?		
	7. 영어 그림책을 소리 내 읽으면서 재미를 느낄 수 있나요?		
심화	8. 영어로 기초적인 대화를 할 수 있나요?		
	9. 그림이 없는 영어책을 읽으면서 재미를 느낄 수 있나요?		
	10. 영어로 자신의 생각을 쓸 수 있나요?		

초등 영어 학습의 수준은 기초, 기본, 응용, 심화로 나뉩니다. 기초 단계는 학교 영어 수업을 제대로 받기 위한 첫 단계입니다. 영어의 소리를 익히고 알파벳을 읽고 쓰고, 알파벳 중에서 자음의 대표 소리를 알고 있는 단계입니다. 기본 단계는 학교 수업을 제대로 이해하는 수준입니다. 초등학교 3학년 영어 교과서는 영어를 처음

배우는 학생들을 기준으로 집필되었기 때문에 대부분의 아이가 쉽게 느낍니다.

응용 단계는 초등학교 영어 교과서로 배운 의사소통 기능을 바탕으로 다양한 표현을 익히고, 그림책을 통해서 어휘와 표현을 확장하는 단계입니다. 심화 단계는 영어에 자신감을 가지는 단계입니다. 영어로 기초적인 대화를 하고, 읽기와 쓰기가 가능합니다. 단계별로 어떤 랜선 공부가 필요한지 알아보겠습니다.

기초: 영어 소리에 익숙해지기

기초 단계는 영어를 처음 접하는 아이들의 학습 수준입니다. 유치원이나 초등 1~2학년 아이들에게 적절한 단계라고 할 수 있습니다. 이 단계에서는 먼저 영어의 소리에 익숙해져야 하기 때문에 재미있게 영어에 노출시키는 것이 좋습니다.

이 시기에 가장 주안점을 두어야 할 점은 영어 알파벳을 익히는 것입니다. 비록 초등 3학년 교과서에 알파벳이 나오기는 하지만 교과서에 따라서 2주 안에 대문자 A부터 소문자 z까지 익혀야 하기도 합니다. 대부분의 3학년 아이들이 알파벳을 익힌 상태로 수업에 들어옵니다. 보통 수준에 수업을 맞춰야 하는 선생님은 아이들이 알파벳을 안다고 가정한 채 수업을 하게 됩니다. 알파벳을 가르치더라도 아이들의 이해를 점검하는 수준으로만 다루게 됩니다.

알파벳을 익힌 뒤에는 자음의 대표 소리를 익힙니다. 파닉스라고 불리는 문자와 소리의 관계는 낱말을 익히는 데 필요합니다. 혹시 영어를 처음 배울 때 단어에 한글로 발음을 써보신 적 있으신가요? 기본적인 파닉스 규칙을 익혀두면, 이렇게 한글로 써두지 않아도 소리 내어 문자를 읽을 수 있게 됩니다.

파닉스 규칙에는 예외가 많기 때문에 규칙을 세세하게 배울 필요는 없습니다. 각 알파벳의 대표음 정도만 인식하고 있으면 발음을 떠올리는 데 큰 도움이 됩니다.

알파벳과 알파벳의 대표 소리를 자연스럽게 익힐 수 있는 애플리케이션은 칸아카데미키즈입니다. 칸아카데미키즈는 원래 영어를 모국어로 사용하는 만 2세에서 6세 사이의 유아를 위해서 개발되었습니다. 내용이 쉽고 보상이 다양하며 신나는 음악과 귀여운 캐릭터가 등장해서 초등학생들의 흥미를 끌기에 충분합니다.

칸아카데미키즈의 라이브러리(Library)를 사용해서 알파벳과 파닉스를 집중적으로 익힐 수 있습니다. 라이브러리는 칸아카데미키즈의 모든 콘텐츠를 학습 주제별로 모아둔 것입니다. 이 중 레터스(letters)에서는 알파벳과 파닉스를 배울 수 있습니다.

칸아카데미키즈(ko.khanacademy.org/kids)

미국의 유아 학습을 위한 애플리케이션입니다. 흥겨운 음악, 귀여운 캐릭터, 예쁜 화면 구성으로 아이들이 흥미를 느끼기 쉽습니다. 원래는 유아를 위한 학습 프로그램이지만, 제공하는 내용이 영어를 처음 배우는 어린이들에게 적절합니다.

▶ **장점**: 랜선 공부의 단점이 상호작용이 적다는 것인데, 칸아카데미키즈는 상호작용이 가능하도록 프로그램을 구성하였습니다. 예를 들어, 책을 읽는 중간에 "What color is the car?"라고 캐릭터가 물어보면, 자동차의 색을 골라야 합니다. 노란색을 선택하면 "Yellow!"라고 소리가 나면서 자동차에 포인트가 쌓입니다. 이런 구성을 통해서 아이들은 게임을 하듯이 영어를 배웁니다. 모든 콘텐츠가 영어로 되어 있어 영어에 몰입할 수 있는 환경을 제공해줍니다.

▶ **참고**: 가운데 재생 버튼을 누르면 칸아카데미키즈의 교육과정을 순서대로 배울 수 있습니다. 라이브러리에 가면 알파벳, 숫자, 읽기, 사고력의 분류로 학습이 구분되어 있습니다. 복습이 필요한 항목을 선택하여 공부할 수 있습니다.

기본: 영어 교과서에 충실하기

기본 단계는 영어 교과서의 내용을 잘 읽고 공부할 수 있는 단계입니다. 학교 수업을 충실히 받으면 쉽게 도달할 수 있습니다. 초등학교 3학년 아이들 대부분이 이 단계에 속합니다. 영어를 학교에서 처음 배우는 아이라면 이 수준에 들어가기 위해 학교 수업에 대한 예습과 복습이 필요합니다.

이 단계에서 사용할 수 있는 랜선 공부법은 'AI 펭톡'을 활용하는 것입니다.

AI 펭톡

EBS가 개발한 영어 말하기 애플리케이션입니다. 학교 교육과정을 기반으로 학습 내용이 개발되었기 때문에 학교 수업을 예습, 복습하기에 적절합니다.

▶ **장점**: 아이가 말하는 영어의 강세와 억양을 분석하여 점검해줍니다. 단순히 따라하는 것이 아니라 원어민의 억양과 유사하게 하기 때문에 말하기 학습에 큰 도움이 됩니다. 점수 체제로 되어 있어 경쟁심이 있는 학생들은 의욕을 가지고 참여합니다. 학습 속도가 빠른 아이들은 자연스럽게 초등학교 고학년에서 배우는 수준까지 이르게 되어 영어에 자신감을 가지게 됩니다.

▶ **주의점**: 현재 무료로 제공되지만, 로그인하려면 학교 선생님에게 인증번호를 받아야 합니다.

학교 수업을 따라가기 어려운 아이라면 〈EBSe 교과서 영어〉 시리즈를 활용해보세요. 단원별로 15분짜리 영상 두 편을 제공합니다. 한 주에 두 시간으로 영어 수업이 편성되어 있으므로 학교 진도에 맞추어 일주일에 한 번 복습하면 됩니다. 한국어에 유창한 영어 원어민 선생님이 수업을 진행하므로 학습에 부담이 없습니다.

교재가 따로 필요 없고, 학교 교과서로 공부하면 된다는 점에서 간편합니다. 교과서에서 제시하는 단어를 복습할 기회가 많이 주어지고, 반복 학습이 많아 학교 영어가 어려운 아이들에게 복습으로 유용합니다. 이때 방송을 수동적으로 보지 않고 적극적으로 따라 하는 노력이 필요합니다. 처음에는 부모님이 아이와 함께 보는 것이 좋습니다.

응용: 교과서를 바탕으로 실력 키우기

응용 단계는 교과서에서 배운 표현을 바탕으로 영어를 확장해 나가는 단계입니다. 수업 시간보다 더 깊은 내용의 영어를 배우면서 영어에 대한 자신감을 키워나갑니다. 이 수준에 이르는 아이들은 50퍼센트 정도입니다. 이 시기에 활용할 수 있는 랜선 공부법은 듀오링고, 칸아카데미키즈를 활용하는 것입니다.

듀오링고는 게임 형태로 되어 있어서 초등학생들이 흥미를 가지고 영어를 배우기 좋습니다. 처음에 진단평가를 통해 아이의 수준을 확인할 수 있습니다. 문제가 조금 어려워 보이지만 힌트가 제공되기 때문에 쉽게 풀 수 있습니다. 문제를 푸는 것 자체가 학습이기 때문에 강의 형태의 랜선 공부보다 적극적으로 학습에 참여하게 됩니다.

학습 문제는 주로 문장을 듣고 따라 말하기, 문장을 듣고 단어 배열하기로 구성되어 있습니다. 문장을 번역해서 입력하는 문제도 1개 제공됩니다. 문장을 하나씩 익히다 보면 자연스럽게 문법의 구조도 익히게 됩니다.

이 시기의 아이들부터는 다양한 그림책을 읽는 것이 도움이 됩니다. 가장 좋은 학습은 부모님이 영어 그림책을 읽어주면서 어휘와 문장의 구조를 익히는 것입니다. 하지만 부모님께서 영어에 자신이 없어서 영어를 읽어주실 수 없다면, 칸아카데미키즈의 라이브러리 기능을 활용할 수 있습니다. 다양한 주제의 책을 읽어주기 때문에 아이들이 좋아합니다. 이때 아이 수준에 맞는 책을 잘 고를 수 있도록 해주세요. 일반적으로는 모르는 낱말이 5개 이상 나오지 않는 책을 고르는 것이 좋습니다.

아이들이 고른 책을 처음부터 끝까지 들어봅니다. 다음에는 한 문장씩 끊으면서 따라 읽습니다. 그 뒤에는 아이가 혼자 읽어보도록 합니다. 못 읽는 단어가 나오더라도 넘어가는 게 좋습니다. 모르는 낱말은 되도록 문맥 안에서 추측하게 해야 합니다. 자주 반복되어서 책 내용을 이해하는 데 꼭 필요한 경우에는 사전으로 찾아보도록 합니다. 이때 꼭 종이 사전을 고집할 필요는 없지만, 찾아본 낱말을 자기 공책에 정리하여 자신만의 단어장을 만드는 게 좋습니다.

심화: 영어에 대한 자신감 충전하기

심화 단계는 영어에 자신감을 가지고 참여할 수 있는 단계로, 원어민과 어느 정도 대화가 가능하고 그림이 거의 없는 줄글을 읽으면서 영어 일기를 쓸 줄 아는 단계입니다.

화상 영어를 활용해요

언어의 네 가지 기능인 듣기, 말하기, 읽기, 쓰기 중 공부하기 가장 어려운 것이 말하기입니다. 실제로 영어로 의사소통할 기회가 없기 때문입니다. 주당 2~3시간의 학교 영어 수업 중에는 자신의 의도를 담아서 영어로 말할 기회가 적습니다. 단순히 선생님이 하는 말을 따라 하는 게 전부이지요. 이런 상황에서 말하기를 연습하기 좋은 방법이 화상 영어입니다.

이때 문법, 파닉스, 읽기를 화상 영어로 배우는 것은 그 효과가 크지 않습니다. 이런 분야는 한국 선생님에게 직접 배우는 것이 효과적입니다. 화상 영어로는 자신의 의사를 영어로 표현할 수 있는 기본적인 회화 과정을 선택해서 아이의 말할 기회를 늘려야 합니다.

먼저 아이가 화상 영어를 공부하기에 적절한 단계인지 아닌지 확인해야 합니다. 기본적으로 자기가 하고 싶은 말을 어느 정도 영어로 할 수 있는지 확인해야 합니다. 또 듣기 능력이 어느 정도인지도 확인해주세요. 듣기 능력이 없는 아이에게 화상 영어 시간은 고통스러울 수 있습니다.

화상 영어 콘텐츠를 고를 때는 선생님의 다양한 언어적 배경을 알아봐야 합니다. 처음에는 미국인 선생님을 선택하는 것이 좋습니다. 우리나라의 영어 교재가 대부분 미국식 영어로 되어 있기 때문입니다. 미국인이라 하더라도 출신 지역에 따라 억양이 조금씩 다르므로 한 선생님에게만 배울 것이 아니라 여러 선생님을 두루 경험해보는 것도 좋습니다. 어느 정도 영어에 익숙해지면 필리핀, 영국, 호주 출신 선생님을 두루 경험하게 해주세요.

독해 공부를 시작해요

심화 단계에 이르면 영어 독해 문제집으로 공부를 시작해도 좋습니다. 『EBS랑 홈스쿨 초등 영독해』 시리즈는 초등학생이 영독해를 쉽게 배울 수 있도록 안내해줍니다. 『EBS랑 홈스쿨 초등 영독해』는 레벨 1부터 레벨 3까지 3단계로 구성되어 있습니다. EBS 홈페이지에 들어가면 각 교재의 한 단원을 샘플로 볼 수 있습니다.

처음 독해 공부를 한다면 레벨 1로 시작하세요. 아이가 독해 공부를 해본 적이 있다면 샘플 교재를 읽으면서 모르는 단어를 표시하게 해주세요. 한 문단에서 모르는 단어가 5개 이상이라면 그 단계는 아이에게 너무 어려운 것이므로, 더 쉬운 단계를 선택하도록 합니다.

『EBS랑 홈스쿨 초등 영독해』 교재는 읽기 부분과 문제로 확인하는 부분으로 이루어져 있습니다. 먼저 예습으로 교재의 영어 지문을 읽으며 해석하기 힘든 문장에 밑줄을 그어봅니다. 그다음 지문에 나온 단어 중 몰랐던 단어와 정확하게 뜻을 알지는 못했지만 유추할 수 있었던 단어를 정리합니다. 마지막으로 문제를 풀고 채점까지 마칩니다. 이렇게 강의를 들으면서 자신의 해석과 선생님의 해석을 비교해봅니다.

　교재 내용에 대한 보충학습을 하고 싶다면 EBS 초등 사이트에서 제공하는 단원별 워크시트를 이용해도 좋습니다. 워크시트는 지문을 들으면서 빈칸 채우기, 단어의 우리말 뜻 쓰기, 우리말을 영어 단어로 써보기, 문장 해석하기, 단어를 재배열하여 문장 완성해보기와 같이 유용한 활동들로 구성되어 있습니다.

추상화 능력을 키우는 문법 공부

　문법 공부는 『EBS랑 홈스쿨 초등 영문법』을 활용할 수 있습니다. 책은 문법적인 내용 설명과 이를 확인하는 문제로 구성되어 있습니다. 한 단원에 50개 정도의 간단한 문제가 제공되므로 이해 정도를 확인하기에 충분합니다. 어려울 수도 있는 단어를 책날개에서 알려주므로 단어를 잘 모르더라도 학습하기가 쉽습니다.

　초등학생은 책의 내용만 보고 문제를 풀기가 어렵습니다. 예습으로는 교재에 나온 문법 설명 부분을 가벼운 마음으로 읽어보는 것으로 충분합니다. 영상으로 학습한 뒤에는 선생님과 문제를 여러 개 풀어볼 수 있습니다. 하지만 영상에서 모든 문제를 푼 것이 아니기 때문에 영상을 다 본 뒤에는 남은 문제들을 스스로 해결하고 채점해야 합니다.

　문법은 추상화할 수 있는 능력이 필요한 공부이기 때문에 영어 독해 능력이 어느 정도 자리를 잡은 뒤에 시작하는 것이 좋습니다.

혹시 아이가 너무 지루해하거나 싫어한다면 문법 공부를 잠시 미루고 방학과 같이 시간적인 여유가 될 때 집중적으로 하면 됩니다.

모든 학습이 그렇지만, 영어는 학습의 동기가 매우 중요합니다. 앞으로 영어 공부를 집중적으로 해야 하는 중학교, 고등학교 때 영어를 싫어하면 공부 효율이 떨어지게 됩니다. 공부할 수 있는 여건은 만들어주되 강요는 하지 않는 것이 좋습니다.

영어 일기 쓰기

영어 실력이 충분히 쌓이면 영어 일기를 쓸 수 있습니다. 처음 영어 일기를 쓸 때 어떻게 표현해야 할지 헷갈린다면 파파고 번역기를 사용해보세요. 이때 번역기를 돌리고 그대로 옮겨 적기만 해서는 실력이 늘지 않습니다. 번역된 표현의 한두 단어를 바꾸어서 다른 문장을 만들어보며 문장 형식을 익히는 것이 중요합니다. 예를 들어 "I studied math today"라는 문장을 파파고 번역기를 통해서 배웠다면, "I studied science today"로 바꾸어볼 수 있습니다.

영어 일기를 쓸 때는 원어민의 첨삭을 받는 것이 좋습니다. 문법적으로는 옳더라도 원어민이 보았을 때 어색한 문장일 수 있기 때문입니다. 아이가 쓴 문장이 좀 더 자연스러워지기를 바란다면 원어민 첨삭을 무료로 받을 수 있는 랭-8(Lang-8.com)을 활용해보세요. 문법적인 오류를 찾고 싶을 때는 그래멀리(Grammarly.com)를 활용하면 좋습니다.

초등학교 3학년 영어 랜선 공부법을 표로 나타내면 다음과 같습니다.

	기초	기본	응용	심화	
말하기	영어 노래 부르기	교과서 수준 말하기	다양한 표현 익히기	원어민과 대화	문법
듣기	영어 소리 노출	교과서 수준 듣기			
읽기	대소문자 익히기	교과서 수준 읽기	영어 그림책 읽기	영어 줄글 읽기	
쓰기	자음 대표 소리	교과서 수준 쓰기		영어 일기 쓰기	
랜선 공부	• 칸아카데미키즈	• EBS 초등 교과서 영어 • AI 펭톡	• 듀오링고 • 칸아카데미키즈 그림책	• 화상 영어 • 『EBS랑 홈스쿨 초등 영독해』 • 『EBS랑 홈스쿨 초등 영문법』 • 랭-8 • 그래멀리	

사회: 배경지식이 많으면 공부가 재미있어집니다

배경지식이 중요한 사회

공부를 잘하는 아이도 처음에는 사회 공부를 어려워합니다. 3학년부터 처음 공부하는 과목이기 때문입니다. 처음 보는 사회 교과서의 형식이 눈에 잘 들어오지도 않습니다. 활동 위주로 적혀 있기 때문에 어느 부분에 집중해서 공부해야 하는지 모르는 경우도 많습니다.

교과서를 제대로 활용하고 다양한 배경지식을 쌓으면 사회 공부에 재미를 느낄 수 있습니다. 문제를 통해서 핵심 개념을 정리하면 사회 공부에 자신감을 얻게 됩니다. 다음 표는 사회를 제대로 공부하기 위한 진단 체크리스트입니다.

	항목	Yes	No
기초	1. 디지털 교과서의 마무리 퀴즈를 풀 수 있나요?		
기본	2. 교과서의 핵심 개념을 설명할 수 있나요?		
응용	3. 단원평가의 정답률이 80퍼센트 이상인가요?		
심화	4. 사회와 관련된 책을 즐겨서 읽나요?		

기초: 디지털 교과서로 예습·복습하기

흔히 사회를 암기 과목이라고 생각합니다. 물론 사회 과목에는 기억해야 하는 부분이 많지만 무조건 암기가 답은 아닙니다. 암기는 학습의 방법이 아니라 학습의 결과이기 때문입니다. 이해를 바탕으로 제대로 공부했을 때 암기가 되는 것입니다. 무조건 외우는 방법으로는 오랫동안 기억에 남지 않습니다. 그래서 사회 교과서를 이해하면서 읽을 수 있는 능력이 필요합니다.

아이들이 사회 교과서를 어려워하는 이유는 배경지식이 부족해 외워야 할 것이 많기 때문입니다. 배경지식이 풍부한 아이들은 비슷한 사례를 이미 알고 있으니 사회 공부가 재미있습니다. 배경지식을 채워주는 방법은 디지털 교과서를 활용하는 것입니다. 디지털 교과서는 에듀넷 홈페이지(dtbook.edunet.net)에서 다운로드할 수 있습니다.

디지털 교과서를 읽으면 부족한 배경지식을 바로 보충해서 공부할 수 있습니다. 기초 단계에 있는 아이라면 지금까지 배운 교과서의 내용을 디지털 교과서로 복습합니다. 사회의 핵심 개념은 물론 그것을 이해할 수 있는 배경지식도 얻게 될 것입니다. 처음 디지털 교과서를 접할 때는 부모님이 함께 봐주시는 것이 좋습니다. 글을 집중해서 읽으며 영상과 사진 콘텐츠를 꼼꼼하게 살펴보도록 해주세요.

만약 글을 읽는 습관이 제대로 잡혀 있지 않은 아이라면, 눈으로 읽지 않고 소리 내 읽도록 합니다. 공부가 끝나면 디지털 교과서의 마무리 퀴즈를 풀도록 해주세요. 틀린 문제가 있으면 그냥 넘어가지 않고 해당 부분을 다시 읽고 문제를 풀어보게 해주세요.

기본: 교과서로 토대 다지기

사회 공부의 기본은 교과서를 잘 활용하는 것입니다. 사회 교과서는 사회 공부의 뼈대 역할을 합니다. 뼈대가 튼튼하지 않으면 살을 아무리 잘 붙여도 체계가 잡히지 않습니다. 처음 사회 교과서를 접하는 부모님들은 교과서를 보고 어떻게 공부해야 할지 모르겠다고 말씀하십니다. 교과서가 지식을 전달하는 게 아니라 탐구와 활동 위주로 구성되어 있기 때문입니다.

사회 교과서는 수동적으로 읽는 것보다는 능동적으로 학습하는 것이 좋습니다. 능동적으로 학습하는 효과적인 방법은 교과서를 읽고 교과서 내용을 스스로 노트에 요약·정리하는 것입니다. 이때 한 차시의 내용을 한 쪽 이내로 정리하고, 남은 부분은 빈칸으로 비워두는 것이 좋습니다. 요약·정리한 뒤에는 시중에 나온 교재의 개념 정리와 비교하면서 부족한 부분을 빈칸에 추가로 정리하면 효과적입니다.

사회 교과서는 핵심 개념을 압축적으로 알려주기 때문에 여러 번 반복해서 학습하는 것이 좋습니다. 아이들은 대부분 똑같은 사회 교과서를 여러 번 반복해서 읽게 하면 지루해합니다. 〈EBS 만점왕〉의 개념 강의를 들으면서 반복하면 교과서를 여러 번 읽는 것보다 효과적입니다.

그날그날 공부한 내용에 대해서 아이와 자주 이야기를 해보세요. 개념을 확실하게 이해하면 일상생활에서 핵심 개념의 예를 들어 설명하도록 해보세요. 사회 시간에 배운 것은 무엇인지, 우리 주변에서 어떻게 활용할 수 있는지 물어보면, 아이가 개념을 파악한 정도를 가늠할 수 있습니다.

말로 직접 설명하지 못하는 개념은 제대로 이해한 것이 아닙니다. 제대로 설명하지 못하는 개념이 있으면 교과서를 보면서 설명

해보도록 합니다. 말하는 동안 자신이 제대로 이해하지 못한 부분을 알게 됩니다. 스스로 학습의 정도를 평가하게 되어 메타인지 능력을 키우게 됩니다. 이때 부모가 일방적으로 질문하고 아이가 답하는 형식이 되면 부담스러워합니다. 대화를 나누는 와중에 자연스럽게 이야기가 오가는 것이 좋습니다.

응용: 문제집 풀이로 학습 효과 지속하기

개념을 익혔다면 문제 풀이를 통해서 학습의 효과를 오래 지속시켜주세요. 문제를 푸는 것은 학습의 이해 정도를 평가할 뿐 아니라 알고 있는 지식을 꺼내는 연습도 됩니다. 특히 답안을 하나 고르는 선다형 문제보다는 학생이 답안을 쓰는 서술형 문제를 풀 때 그 효과가 큽니다.

아이가 서술형 문제의 답안을 어떻게 써야 할지 모른다면 떠오르는 생각을 말로 해보게 해주세요. 그중에서 중요한 낱말을 적고 이를 글로 이어서 붙이면 답안이 됩니다. 아무것도 말하지 못하면 문제와 관련된 개념과 중요 단어를 읽고 쓰도록 해야 합니다.

문제를 풀고 난 뒤에는 문제 풀이 영상을 보여주세요. 사회 문제 풀이 영상은 틀린 문제뿐만 아니라 맞힌 문제의 영상을 보는 것도 도움이 됩니다. 오답의 이유를 메모하면서 수업을 들으면 개

넘을 반복 학습할 수 있습니다.

사회를 어려워하지 않는 아이라면 『EBS 초등 만점왕 단원평가』 문제를 활용하면 충분합니다. 사회를 어려워하는 아이는 『EBS 초등 기본서 만점왕 사회』(문제편)를 활용하면 단원당 핵심 개념 문제, 중단원 실전 문제, 서술형·논술형 문제를 풀면서 개념 이해와 문제 해결력까지 키울 수 있습니다.

EBS 초등 만점왕 시리즈

EBS 초등(primary.ebs.co.kr)의 기본서 시리즈입니다. 국어, 수학, 사회, 과학, 전 과목 단원평가 총 5종의 콘텐츠로 구성되어 있습니다. 교재의 개념 확인 내용을 잘 읽고 문제를 푼 다음에 영상을 시청하는 것이 좋습니다.

▶ **장점**: 현직 초등학교 선생님들이 쉽고 재미있게 설명해줍니다. 학교 수업을 잘 이해하지 못한다면 만점왕 시리즈의 개념편으로 예습과 복습을 하면 학습 결손을 막을 수 있습니다. EBS로 공부하는 습관을 초등학교 때부터 들여놓으면, 중고등학교 때 큰 도움이 될 수 있습니다. 교재만 구입하면 인터넷을 통해서 얼마든지 학습할 수 있다는 점도 큰 장점입니다.

▶ **주의점**: 모든 영상을 처음부터 끝까지 보면 지루할 수 있습니다. 문제 정답률이 90퍼센트 이상인 아이들은 굳이 문제 풀이 영상을 다 볼 필요는 없고, 틀린 문제 위주로 보는 것이 좋습니다. 자칫 텔레비전을 시청하듯 소극적으로 수업에 참여할 수 있으니 처음에는 부모님이 옆에서 적극적으로 메모하면서 수업을 듣도록 도와주세요.

심화: 독서로 배경지식 넓히기

배경지식을 풍부하게 하는 방법에는 독서를 통한 간접 경험과 체험 학습을 통한 직접 경험이 있습니다. 독서는 교과 연계 도서를 활용하면 됩니다. 교과 연계 도서라고 해서 수십 권짜리 전집을 처음부터 살 필요는 없습니다. 전집을 산다면, 도서관에서 몇 달간 빌려서 읽어보고 아이가 특별히 좋아하는 전집이 있을 때 구매를 고려해도 됩니다. 『사회는 쉽다』, 『선생님도 놀란 초등 사회 뒤집 기』, 『생활 속 사회탐구』 시리즈를 추천합니다.

전집보다는 단행본이 독서 동기를 유지하는 데 더 유리합니다. 전집을 사면 전체를 다 읽어야 한다는 압박감을 느끼기 때문입니다. 일주일에 한 번 이번 달에 배워야 할 주제에 맞는 책들을 찾으러 간다는 느낌으로 도서관에 자주 방문하는 것이 좋습니다.

초등 고학년이 되기 전에 한국사에 익숙해지면 사회 공부가 쉬워집니다. 초등 고학년이 사회를 어려워하는 이유는 역사 공부의 부담이 크기 때문입니다. 많은 아이가 사회 교과서의 역사 부분에 재미를 느끼지 못합니다. 핵심적인 사건 위주로 구성되어 지루하거나 어렵게 느끼기 때문입니다. 하지만 역사 지식이 풍부한 아이들은 교과서를 읽으면서도 책에서 읽은 것들이 떠올라 재미를 느낍니다. 고학년이 되기 전에 미리 한국사를 준비하면 고학년 때 많은 수고를 덜 수 있습니다.

중학년 때 한국사를 정리하는 좋은 방법은 『EBS 스토리 한국사』 시리즈를 활용하는 것입니다. 역사를 좋아하는 아이들도 교재를 한 번 읽고 문제를 푼다고 해서 모든 내용을 이해하고 기억할 수는 없습니다. 『EBS 스토리 한국사』로 예습, 본 학습, 복습 3단계로 공부하면 자연스럽게 반복이 이루어집니다. 이렇게 시간 순서대로 한국사를 정리하고 난 뒤에 역사 관련 책들을 읽으면 체계적으로 한국사를 정리할 수 있습니다.

초등 3학년 사회 랜선 공부를 표로 나타내면 다음과 같습니다.

	기초	기본	응용	심화
학습 내용	교과서 이해	핵심 개념 파악	문제 풀이로 점검	배경지식
랜선 공부	디지털 교과서	• 교과서 • 『EBS 초등 기본서 만점왕 사회』	• 단원평가집 • 『EBS 초등 만점왕 단원평가』	• 교과 연계 도서 • 『EBS 스토리 한국사』

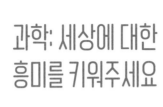

과학: 세상에 대한 흥미를 키워주세요

흥미가 성적으로 이어지는 과학

과학은 대부분의 아이들이 좋아하는 과목입니다. 학습에 흥미가 없는 아이들도 실험을 하는 과학 과목에 흥미를 느낍니다. 아이들이 과학을 좋아한다고 해서 꼭 좋은 성적을 받는 것은 아닙니다. 실험 과정과 결과를 정리하지 못하는 아이들은 과학에 대한 흥미가 성적으로 이어지지 않습니다.

실험 과정과 결과를 정리하는 실험관찰을 잘 활용하면 과학 수업의 기초와 기본을 다질 수 있습니다. 그 뒤 문제 풀이를 통해서 핵심 개념을 익혀나가고 과학과 관련된 책으로 배경지식을 쌓으면 과학 수업에 즐겁게 참여할 수 있습니다. 다음 체크리스트를 보고 아이의 과학 학습 정도를 파악해주세요.

	항목	Yes	No
기초	1. 디지털 교과서의 마무리 퀴즈를 모두 풀 수 있나요?		
기본	2. 교과서의 핵심 개념을 설명할 수 있나요?		
응용	3. 단원평가의 정답률이 80퍼센트 이상인가요?		
심화	4. 과학과 관련된 책을 즐겨 읽나요?		

기초: 디지털 교과서로 예습하기

과학은 실험을 바탕으로 합니다. 과학 교과서가 개념을 소개하는 책이라면, 실험 관찰은 과학 교과서에 나오는 실험과 관찰 결과를 정리하는 과정입니다. 실험 관찰을 잘 정리하면 과학적인 탐구력을 키울 수 있고 실험 과정과 결과를 잘 기억하는 데도 도움이 됩니다. 하지만 많은 아이가 이 실험 관찰을 잘 정리하지 못해서 선생님이 불러주는 것을 그대로 적기만 합니다.

실험을 하긴 했는데 뭐라고 적어야 할지 모르겠다고 말하는 학생이 많습니다. 실험 관찰을 잘 정리할 수 없다면 디지털 교과서로 다음 시간에 학습할 내용을 미리 익히도록 해주세요.

3장 초3 과목별 공부 공략법

초등 과학 디지털 교과서에는 서책형 교과서에서는 구현될 수 없는 영상과 사진 자료뿐 아니라 실감형 콘텐츠를 탑재하고 있습니다. 디지털 교과서의 영상과 사진 자료를 본 뒤에 수업을 들으면 수업 시간에도 실험 관찰을 잘 정리할 수 있습니다. 디지털 교과서에 있는 마무리 퀴즈를 통해서 실험 관찰에서 기억해야 할 주요 내용을 점검하도록 해주세요.

기본: 개념을 확실히 이해하기

과학 수업을 듣고 나면 수업에 필요한 개념을 설명할 수 있어야 합니다. 수업을 듣고도 개념을 잘 설명할 수 없다면 유튜브 채널 '아꿈선 초등 3분 과학'을 이용하면 좋습니다. 초등학교 선생님들이 과학 수업의 핵심 내용을 3분 이내의 영상으로 제작하여 업로드하고 있습니다. 영상이 짧아서 집중력이 부족한 아이들도 잘 볼 수 있습니다. 영상을 보면서 스스로 내용을 정리해보도록 해주세요.

개념을 좀 더 구체적으로 알고 싶다면 〈EBS 만점왕〉 개념편 강의를 들으면 좋습니다. 교재의 교과서 내용 학습 부분을 먼저 읽고 난 뒤에 개념편 강의를 들으며 내용을 보충하면 효과적입니다.

응용: 문제 풀이로 점검하기

『EBS 초등 기본서 만점왕 과학』이나 『EBS 초등 만점왕 단원평가』를 활용해서 과학 교과서의 개념을 익히도록 해주세요. 개념을 확실히 이해했거나 공부할 시간이 부족할 때는 틀린 문제의 강의 영상만 골라서 보는 것이 좋습니다. 과학을 어려워하는 아이라면 무리해서 많은 문제를 풀기보다는 차근차근 문제를 풀면서 정확한 개념을 익히도록 해주세요. 수준에 맞지 않는 문제를 많이 풀다 보면 오히려 과학에 대한 흥미가 떨어질 수 있습니다.

심화: 독서와 영상 시청으로 배경지식 넓히기

초등 단계에서는 독서를 통해 배경지식을 넓히는 것이 좋습니다. 과학 관련 도서와 잡지를 이용하면 과학을 좋아하는 아이들이 흥미를 느끼고 잘 읽습니다. 과학 잡지의 경우에는 처음부터 구독하지 말고 도서관에서 아이가 좋아하는 잡지를 골라서 읽어볼 시간을 주는 게 좋습니다.

과학 관련 영상으로도 과학에 대한 배경지식과 흥미를 유발할 수 있습니다. 〈EBS 과학 땡Q〉는 3~4학년 교육과정을 기반으로 한 과학 다큐멘터리입니다. 좀 더 심화된 과학 영상을 시청하고

싶다면 〈EBS 과학할고양〉을 활용하면 됩니다. 유튜브 채널 '과학
쿠키'를 구독하면 재미있는 실험 영상들을 볼 수 있습니다. 영어
에 자신 있는 학생들은 유튜브 채널 '사이언스 맥스(science max)'를
재미있게 볼 수 있습니다.

초등 3학년 과학 랜선 공부를 표로 나타내면 다음과 같습니다.

	기초	기본	응용	심화
학습 내용	교과서 이해	핵심 개념 파악	문제 풀이로 점검	배경지식

랜선
공부
	• 실감형 콘텐츠
	• 디지털 교과서
		• 아꿈선 3분 과학
		• <EBS 만점왕>
		  개념편
			• 단원평가집
			• <EBS 만점왕>
			  문제편
				• 과학 잡지
				• 과학 도서
				• 과학 영상

공부력을 키우는
부모의 소통법
③

불통을 소통으로 만드는 대화법

부모와 아이가 서로 이야기를 주고받으면 소통이 일어납니다. 하지만 대부분의 가정에서는 부모님이 말하고 아이들은 듣는 식으로 대화가 이루어집니다. 이렇게 대화의 방향이 한쪽으로 치우치면 불통이 됩니다. 불통을 소통으로 만드는 부모의 대화법을 익히면 아이와의 대화를 잘 이끌어나갈 수 있습니다.

소통의 기본은 주의 깊게 듣기

대화가 잘 통하려면 우선 상대방이 하는 말을 주의 깊게 들어야 합니다. 영어 'listen'과 'hear'는 둘 다 우리말로 '듣다'로 번역되지만 그 쓰임은 조금 다릅니다. 'listen'은 귀 기울여 듣는 것을 의미하고 'hear'는 그냥 귓가에 흘려서 듣는 것을 의미하지요. 우리말 '듣다'에 '주의 깊게 듣다'와 '흘

려든다'가 구분되어 있지 않아서 일까요? 대부분의 아이들은 주의 깊게 듣는 습관이 되어 있지 않습니다.

학교에서 일어나는 갈등은 주로 상대방의 말을 오해하거나 잘 듣지 않는 데서 시작됩니다. 저는 아이들 사이의 갈등을 풀 때 상대의 말을 잘 듣고 그 말을 요약하도록 합니다. 그런 식으로 대화가 오가면 화를 내며 씩씩거리던 아이들도 화를 풀고 상대를 이해하게 됩니다. 이처럼 듣기는 소통의 시작입니다.

아이들은 왜 잘 듣지 않을까?

상대의 말을 주의 깊게 듣지 않는 습관은 집에서부터 형성되었을 가능성이 높습니다. 아이들은 자신이 말할 때 부모의 태도를 보고 다른 사람의 말을 듣는 태도를 배웁니다. 부모가 잘 듣지 않는다고 생각하면 더더욱 강한 말투로 자신의 이야기를 하려고 합니다. 강한 말투로 평소에 친구들을 대하면, 주변 친구들과의 관계도 나빠집니다. 심한 경우에는 부모와 소통이 힘들다고 느끼며 입을 아예 닫아버리기도 합니다.

부모가 아이의 말을 잘 경청하지 않음	→	다른 사람의 말을 경청하지 않음	→	나쁜 듣기 태도 형성
	→	강한 말투를 습관처럼 사용함	→	나쁜 말하기 태도 형성
	→	부모에게 말문을 닫음	→	대화 단절

잘 들으면 아이들이 말하기 시작합니다

부모가 아이의 말을 잘 듣기 시작하면 아이의 말문이 트이고, 자주 말하게 되면 효과적으로 말하는 방법을 알게 됩니다. 미국의 교육학자 레오 버스카글리아가 쓴 『살며 사랑하며 배우며』에는 아버지와 관련된 일화가 나옵니다. 그의 아버지는 매일 식탁에서 아이들에게 그날 배운 새로운 사실을 저녁 식사 중에 말하도록 시켰다고 합니다. 그래서 레오와 그의 형제들은 저녁 식사 전에 백과사전을 펴고 새로운 사실을 공부했다고 합니다.

흥미로운 점은 레오의 아버지가 보여준 태도입니다. 그는 아들 레오가 아주 평범한 상식을 이야기해도 매우 신기해하며 이를 아내에게 다시 말하곤 했다고 합니다. 아버지가 보여준 태도는 레오가 더 말하고 싶게 했고, 레오가 세계적인 교육학자가 되는 밑거름이 되었습니다.

불통을 소통으로 만드는 경청법

감정을 공감해주세요

"엄마, 오늘 학교에서 선생님께 혼났어. 친구들이랑 다 같이 복도에서 뛰고 있었는데 나만 혼났어."

"그래? 조금 억울했겠네?"

"응. 같이 뛴 애들은 교실로 쏙 들어가버려서 나만 보였나 봐. 너무 억울했어."

"진짜 그랬겠다."

아이가 하는 말에 감정이 실려 있다면, 그 감정을 공감해 주세요. 소통이 계속되려면 공감이 먼저입니다. "복도에서 뛰지 말았어야지"라는 말을 하게 되면 아이는 다음부터는 부모에게 말을 가려서 하고, 혼나지 않기 위해 있는 그대로 말하지 않게 됩니다. 아이에 대한 바람은 잠시 내려놓고 아이의 감정을 먼저 받아주세요.

추임새를 넣어주세요

"아빠. 나 오늘 급식 시간에 망고가 나왔어. 그런데⋯⋯."

"그런데?"

"옆에 있는 친구가 안 먹고 버리더라고. 너무 아까웠어."

"으아, 망고 맛있는데 진짜 아깝다."

아이가 말할 때 추임새를 적절히 넣어주면, 아이들은 신이 나서 계속 말하게 됩니다. 너무 자주 사용하면 오히려 대화를 끊을 수 있으니 흐름을 방해하지 않을 정도로만 사용해보세요. 추임새를 넣을 때 포인트는 말하는 사람의 말을 듣고 있다는 것을 확인시켜주는 것입니다. 아이가 접속사를 쓸 때를 놓치지 말고 반복해보세요.

아이의 마음을 이해해주세요

"엄마, 머리도 아프고 몸에 힘이 하나도 없어. 나 아파. 학원은 어떻게 해?"

"몸이 안 좋아서 학원은 안 갔으면 한다는 말이지?"

"응."

"일단 학원 말고 병원에 가서 진료를 받아보자."

아이의 말이 끝나면, "그러니까 네 이야기는 ~~~~ 라는 것이지?"라면서 자신의 이해를 점검해보세요. 단순히 이야기를 반복했을 뿐이지만, 아이는 묘하게 자신이 공감받았다는 느낌을 받게 됩니다.

아이의 하루를 궁금해해주세요

식사 시간이든 언제든, 기회가 되면 아이들에게 오늘 학교에서 어떤 일이 있었는지 물어보는 것도 아이와 소통하는 좋은 방법입니다. "오늘 어떤 일이 있었니?"라고 아이들에게 물어보면 처음에는 "몰라요"라고 말하면서 대화를 기피하기도 합니다. 그럴 때는 부모님이 먼저 아이들에게 그날 하루 있었던 일들을 말하는 것이 좋습니다. 오늘 하루 있었던 사소한 이야기를 먼저 건네면 아이들도 그 분위기를 따라서 자기 이야기를 하게 됩니다.

4장

공부의 자기 주도성을 키워주세요

누구나 처음에는
초보였습니다

스스로 터득할 기회를 주세요

제 아내는 운전면허는 있지만 오랫동안 운전을 하지 않은 장롱
면허였습니다. 그러던 중 아이들의 통학을 위해 중고차를 구입하
고 운전을 시작했습니다. 운전면허도 한 번에 따고 운동신경도 있
는 편이라 아내가 운전을 잘할 거라고 믿었지만 그 믿음은 곧 깨
지고 말았습니다.

아내는 운전을 시작하고 석 달 뒤부터 한 달 간격으로 두 번 사
고를 냈습니다. 자신은 아무 잘못이 없다는 아내의 말과는 달리 두
사고 모두 아내의 책임이 큰 것으로 결론이 났습니다. 보다 못해

4장 공부의 자기 주도성을 키워주세요

"운전을 그만하라"고 했고, 아내는 다시 운전을 그만두었습니다. 그 결과 아이의 등하교를 모두 제가 맡고 있습니다.

혼자 공부하는 아이를 볼 때 느끼는 불안함과 답답함이 아내의 위험한 운전을 보는 제 심정과 비슷할 것 같습니다. 부모님들은 직접 공부 계획을 짜주고 점검하면서 아이의 공부 주도권을 가져오거나 학원에 맡깁니다.

그러나 부모님들이 아이에게 주도권을 주지 않고 학원에 보내는 것은 아내에게서 운전대를 빼앗은 제 실수를 반복하는 것과 같습니다. 운전 실력을 늘릴 기회를 잃은 저의 아내처럼, 아이들도 자신에게 맞는 공부 방법을 스스로 터득할 기회를 부모와 학원에게 빼앗겼다고 할 수 있습니다.

부모님들이 끝까지 아이들의 공부를 봐줄 수 있을까요? 그렇지 않다면, 아이가 스스로 공부하는 습관을 키워야 합니다. 부모님들은 왜 공부 주도권을 아이에게 넘겨주려고 하지 않을까요?

불안에서 시작된 부모 주도형 공부

공부 주도권을 부모님이 갖는 것은 우리 아이만 뒤처지면 어쩌나 하는 불안감과 성적이 빨리 오르길 바라는 조급함이 주된 원인입니다. 불안감과 조급함에서 시작된 부모 주도형 공부는 아이를 더 흔들리게 합니다.

불안감과 조급함은 성적을 잘 받아야 한다는 생각에서 비롯됩니다. 하지만 초등학교 시기에는 바른 학습 습관과 태도를 키우는 것이 성적보다 중요합니다. 초등학교에서 받은 좋은 성적이 중학교나 고등학교 진학에 직결되어 중대한 영향을 미치는 것은 아닙니다. 게다가 초등학교의 학습 내용은 중고등학교보다 많지 않아서 학습 결손이 생기더라도 방학을 이용해서 보충할 수 있습니다.

초등학교 시기의 모범생들이 중고등학교까지 쭉 이어지지 않기도 하는 것은 제대로 된 공부 습관이 안 잡혔기 때문입니다. 자기를 이해하고 충동을 억제하는 자기조절 능력, 힘들지만 도전해보는 그릿(Grit)과 같은 비인지적 능력을 키우는 것이 초등교육의 관건입니다.

부모 주도형 공부의 또 다른 문제점은 언젠가 아이의 공부를 봐줄 수 없는 시점이 온다는 것입니다. 빠르면 초등 4학년, 늦으면 중학교 1학년쯤 되면 아이의 공부를 지도하기 위해 부모도 공부해야하는 시기가 옵니다. 부모에게 공부를 의존했던 아이는 앞으로 부모의 도움을 받을 수 없다는 것을 알게 되면 방황하게 됩니다. 불안과 조급함을 내려놓고 기왕 해야 하는 것이라면 좀 더 이른 시기에 도전해보는 자세가 필요합니다. 아이들은 생각보다 더 잘할 수 있습니다.

공부의 주도권을 위탁하는 학원 주도형 공부

맞벌이 가정이거나 부모님이 공부 주도권을 가질 수 없는 경우에는 아이들을 학원에 보내게 됩니다. 맞벌이 가정은 학원에 보내는 것이 마음이 편해서 학원에 등록하기도 합니다. 그리고 아이가 스스로 공부하게 두었을 때 혹은 아이의 공부를 부모가 봐주려고 할 때 갈등이 계속 발생하니 이를 피하려고 학원을 선택하기도 합니다.

학원에 가는 것이 무조건 나쁜 것은 아닙니다. 특히 맞벌이 가정의 경우 학원에서 시간을 보내는 것이 선택이 아닌 필수적인 상황이 많습니다. 하지만 아이의 의사와 반해서 억지로 학원에 다녀서는 안 됩니다. 아이가 다니고 싶은 학원에 다니면 선생님은 아이의 조력자가 되지만, 아이가 원하지 않는 학원에 다니면 선생님이 공부를 주도하게 됩니다.

이렇게 공부하는 아이들은 스스로 공부하는 방법을 키우지 못하고 항상 누군가가 정해준 만큼만 공부하려고 합니다. 그렇게 하니 공부에 재미를 붙이지 못하고 공부를 싫어하게 됩니다.

아이 스스로 하는 자기 주도형 공부

아이 스스로 해나가는 자기 주도 공부가 흔들리지 않는 실력을 만듭니다. 많은 부모님이 자기 주도 공부는 처음부터 아이 혼자 공부하는 것이라고 오해하기도 합니다.

자기 주도 공부란 처음에는 부모의 도움을 받지만, 서서히 아이의 자기 주도성을 늘려나가는 방향으로 나아가는 공부입니다. 처음에는 오히려 부모의 노력이 더 필요할지도 모릅니다. 하지만 점차 아이의 주도성이 커지게 됩니다. 반면 비(非) 자기 주도 공부는 아이의 주도성은 자라지 않고 어른의 통제가 여전히 큰 비중을 차지합니다.

자기 주도 공부는 어른의 통제가 아닌 관심이 필요합니다. 처음부터 운전을 잘하는 운전자가 없듯, 아이도 처음에는 서툴게 공부할 수밖에 없습니다. 공부하는 아이 옆에서 도움을 주는 사람의 역할이 중요합니다. 아이가 운전자라면, 부모는 조수석에 앉은 사람이라고 할 수 있습니다. 답답한 나머지 아이를 조수석에 앉히고 부모가 운전하면 어떻게 될까요? 아이는 평생 스스로 공부하지 못하고 부모에게 의존하게 됩니다.

자기 주도 공부를 위한 부모의 역할

자기 주도 공부를 처음 시작할 때는 부모의 인내가 필요합니다. 부모가 지녀야 하는 자세와 역할은 진단, 계획, 수행, 피드백이라는 4단계로 구분할 수 있습니다.

단계	부모의 역할
진단	선행이 필요한지, 보충이 필요한지 확인한다.
계획	아이와 함께 공부 계획을 세운다(현실성, 방향성 파악).

수행	아이가 스스로 자기가 한 것을 평가하도록 격려한다.
피드백	목표 달성에 대한 긍정적인 피드백을 준다.

진단 단계에서는 아이에게 보충이 필요한 과목이 있는지 확인해주세요. 3장에서 제시한 과목별 수준 진단 체크리스트에서 기초와 기본 수준에 못 미친다면 보충학습이 필요한 수준입니다. 보충이 필요한 과목이 있다면 그 과목부터 공부하는 것이 좋습니다.

계획 단계에서는 보충이 필요한 과목을 아이와 함께 어떻게 공부할지 이야기를 나눠주세요. 이때 아이의 공부 계획이 지속해서 실천 가능한 수준인지 확인해야 합니다. 공부는 매일 꾸준히 조금씩 실천하는 것이 좋습니다. 지금까지 혼자 공부한 경험이 없는 아이였다면 책 한 쪽 읽기, 수학 한 문제 풀기, 영어 단어 한 개 외우기와 같이 매일 실천할 수 있는 목표를 제시하는 것이 좋습니다. 공부를 부담스러워하지 않고 계속 해나가도록 현재 아이의 학습능력보다 조금 낮게 목표를 설정하도록 도와주세요.

수행 단계에서는 매일 꾸준히 실천하는지 확인하고 목표 달성 여부를 스스로 점검하도록 해주세요. 달력에 수행 여부를 표시하거나 네이버 밴드의 인증 기능을 활용하는 것도 좋습니다. 꾸준히 성공하지 못한다면 목표를 하향 조정하고 성취감을 느끼도록 해야 합니다. 반대로 목표를 넘어섰을 때 학습 목표를 상향하면, 다음에는 목표를 달성하지 않으려고 할 수 있습니다. 목표를 초과 달성한 날에는 아이를 평소보다 더 많이 칭찬해주는 것이 좋습니다.

피드백 단계에서는 매일 목표를 달성하는 아이에게 긍정적인 피드백을 주면 됩니다. 목표를 달성한 지 한 달 정도 되면 맛있는 음식으로 간단한 파티를 열어주세요. 보상을 줄 때는 예상치 못하게 하는 것이 효과적입니다. "한 달 동안 목표를 달성하면 선물을 줄게"와 같이 미리 보상을 약속하면, 목표를 달성한 뒤 학습 동기가 낮아질 수 있습니다.

아이들은 자기 공부에 책임을 지도록 할 때 성적도 오르고 어른스러워집니다. 당장 성적을 올려야 한다는 조바심 때문에 아이가 어른이 되는 과정을 막는 것은 아닌지 생각해봐야 합니다.

아이들은 자신에게 주어진 역할에 책임을 지려고 노력합니다. 어떤 일이 생기면 자기가 해보겠다는 의지가 생깁니다. 그럴 때 부모님들이 "너는 아직 어리니까 어른 말을 들어"라며 아이의 의지를 꺾는 일이 반복되면 아이는 점차 독립적인 성격에서 의존적인 성격이 되고 맙니다.

초등학교 중학년부터는 조금씩 아이가 스스로 공부할 기회를 주세요. 그래야 초등 고학년, 중고등학교 때 주도적으로 공부하는 아이가 될 수 있습니다.

아이를 움직이는 보상의 기술

독이 되거나 득이 되거나

보상을 적절히 사용하면 아이의 공부 습관을 만들 때 큰 도움이 됩니다. 보상이란 "행위를 촉진하거나 학습 분위기를 조성하기 위하여 주는 물질이나 칭찬"을 의미합니다. 공부에 재미를 느끼려면 공부에 필요한 읽기, 쓰기, 셈하기, 자기 이해, 충동 조절과 같은 능력을 키워야 합니다. 이런 능력을 키우는 과정은 본능에 저항하는 일입니다. 보상이 없으면 본능에 따라가기 쉽습니다.

부모는 아이가 보상에 중독이라도 되면 어쩌나 하는 걱정을 하기도 합니다. 보상이 스스로 공부하려는 마음, 즉 아이의 내재적 학습 동기를 저해할 수 있다는 생각 때문입니다.

하지만 우리 주변에는 보상이 내재적 동기에 영향을 주지 않는 상황이 흔히 있습니다. 스포츠 선수들은 경기장에서 자신의 능력을 증명하고 그에 맞는 연봉을 받습니다. 이들에게 높은 연봉이라는 보상은 더 열심히 할 수 있도록 격려할 뿐, 스포츠에 대한 내재적 동기를 줄이지 않습니다. 이와 마찬가지로, 보상의 기술을 제대로 익히면 아이의 내재적 동기를 침해하지 않으면서도 공부 습관을 만들 수 있습니다.

보상의 6가지 원칙

보상을 통해 아이의 행동을 인정해주세요

보상에는 인정 보상과 대가 보상이 있습니다. 인정 보상은 아이의 긍정적 행동을 인정해주는 것이고, 대가 보상은 행동에 따른 대가를 제공하는 보상입니다. 인정 보상의 대표적인 예는 아이의 행동이 지니는 의미를 말해주고 진심으로 고맙다고 이야기하는 것입니다. 이런 인정 보상은 아이의 내재적인 동기를 자극합니다. 운동선수들의 높은 연봉이 내재적인 동기를 자극하는 이유도 그것이 그 선수의 성과를 인정하는 역할을 하기 때문입니다.

반면, 대가 보상은 내재적 동기를 낮춥니다. 아이는 부모에게

"이번 시험을 잘 보면 치킨 시켜줄게"와 같은 말을 듣게 되면, 높은 성적의 대가가 치킨이라고 생각하게 됩니다. 이번 시험을 잘 보기 위해서 노력하지만, 다음 시험에도 동일하거나 더 큰 대가가 없으면 동기가 생기지 않습니다.

보상은 내재적 동기가 없을 때만 사용해주세요

내재적 동기가 있는 영역에 보상을 사용하면 기존의 내재적 동기가 손상됩니다. 자유 놀이시간에 그림 그리기를 선택한 유치원생들에게 보상을 준 것이 대표적인 예입니다. 그림에 내재적인 동기가 있던 아이들이 보상을 받게 되자 그림 자체에 재미를 잃어버리게 된 것입니다.

아이에게 내재적인 동기가 없는 영역이라면, 조금이라도 더 성장했을 때 보상을 듬뿍 주는 것이 좋습니다. 수학을 전혀 공부하지 않던 아이가 한 문제라도 스스로 풀면 보상해주는 것과 같이 말입니다.

약속에 없던 깜짝 선물을 주세요

동기는 보상이 주어질지 아닐지 확실하지 않을 때 강하게 유발됩니다. 예를 들어, "수학 문제를 10개 풀면 햄버거 사줄게"라고 약속하기보다 "수학 문제를 10개 풀었으니 햄버거 사줄게"라는 식으로 깜짝 선물을 하는 것이 좋습니다. 이렇게 되면 언젠가 보상을 받을 수 있다는 기대감 때문에 학습 동기가 올라가게 됩니다. 이때 보상을 주는 시간 간격을 비규칙적으로 해서 보상을 예측하지 못하게 해주세요.

원숭이 우리에 누르면 먹이가 나오는 버튼을 설치한 실험이 있습니다. 버튼을 눌렀을 때 먹이가 나올 확률이 100퍼센트가 아니라 50퍼센트일 때, 원숭이의 뇌에서 도파민이 가장 많이 분비되었습니다. 같은 원리로 사람도 예측 가능한 보상보다는 예측 불가능한 보상에 더 쾌감을 느낍니다.

공부를 보상처럼 사용해주세요

예를 들어 오늘 해야 할 일을 다 마쳤을 때 칸아카데미키즈를 할 수 있도록 하면 공부를 보상처럼 느끼게 할 수 있습니다. '톰 소여 효과'를 들어보신 적이 있나요? 톰 소여는 미국의 작가 마크 트웨인이 쓴 소설 속 주인공입니다. 집 앞 울타리에 페인트를 칠하라는 벌을 받은 톰은 꾀를 냅니다. 톰이 페인트칠이 너무 재미있다고 말하자 친구들이 서로 페인트칠을 하겠다며 톰에게 선물까지 합니다. 이처럼 책 읽기나 공부를 보상처럼 활용하면 긍정적인 행동도 유도하고 공부도 하는 일석이조의 효과를 낼 수 있습니다.

스스로 보상을 선택하게 해주세요

원하지 않는 보상을 하면 보상의 효과가 없습니다. 이때는 아이에게 직접 자기가 원하는 보상을 선택하도록 합니다. 가격을 정해 주고 그 안에서 선택하도록 할 수도 있습니다. 아이들은 공부에 대한 보상으로 공부나 숙제 면제권을 바라기도 합니다. 면제권을 주면 공부나 숙제를 피해야 할 것으로 인식하게 됩니다. 당장은 지금 하는 공부를 마치겠다는 생각이 들지만, 장기적으로는 공부에 부정적인 감정을 갖게 됩니다.

결과보다 과정에 대한 보상을 주세요

부모님들은 시험에서 좋은 성적을 받는 것과 같이 결과를 받아왔을 때 보상을 줍니다. 결과에 보상을 주게 되면 아이들은 결과에 집착하게 됩니다.

시험에서 좋은 성적을 받기 위해서는 노력이라는 과정을 거쳐야 합니다. 과정에 보상을 주면, 좋은 공부 습관을 기르게 되고 좋은 공부 습관은 좋은 결과를 받을 확률을 높입니다. 수학 성적을 100점 받는 것보다 매일 꾸준히 공부하는 것을 목표로 삼고, 이를 달성했을 때 결과와 상관없이 보상을 주는 것이 좋습니다.

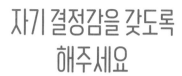

자기 결정감을 갖도록
해주세요

내 공부는 내가 결정해야 합니다

아이들이 자기 주도 공부에 익숙해지게 되는 3단계가 있습니다. 1단계는 상과 같은 외부의 요인 때문에 어떤 행동을 하는 전(前) 자기 주도 단계입니다. 2단계는 해야 할 일을 하지 않으면 불편한 마음이 들어서 하게 되는 반(半) 자기 주도 단계입니다. 3단계는

자기 주도 단계	공부 동기	동기 유발 방법
1단계	상과 처벌에 대한 두려움으로 공부	보상
2단계	해야 할 일을 하지 않으면 불편한 마음이 들어서 공부	
3단계	지금 해야 하는 공부의 가치를 인정	자기 결정감

해야 하는 일의 가치를 인정하여 자발적으로 하게 되는 완전 자기 주도 단계입니다. 완전 자기 주도 단계에 이른 아이들은 공부에 기쁨을 느끼고 집중력을 발휘하며, 학습 결과도 우수합니다.

보상을 잘 활용하면 학습 습관을 형성하여 1단계와 2단계까지 갈 수 있습니다. 하지만 보상만으로는 공부 자체에 기쁨을 느끼고 스스로 공부하는 아이가 될 수 없습니다. 공부 자체에 흥미를 느끼려면 자기 결정감이 있어야 합니다.

지금 공부하고 있는 이 상황을 자신이 선택했다고 느끼는 아이들은 공부에 책임감을 느끼고 더 열심히 노력합니다. 반대로 공부하기 싫지만, 부모님의 기대 때문에 하는 아이들은 자기 결정감이 있는 아이들보다 열심히 하지 않을 것입니다. 연구에 따르면, 공부 자체가 목적인 아이들은 깨어 있는 시간의 11퍼센트를 공부하지만, 그렇지 않은 아이들은 6퍼센트를 투자한다고 합니다.

우리나라의 교육 환경에서는 자기 결정감을 느끼기 어렵습니다. 자기 결정감을 키우기 위해서는 스스로 선택하는 기회, 즉 자율성이 주어져야 합니다. 학교에서는 정해진 교육과정이 있다 보니 아이들이 하고 싶은 것을 선택하기 어렵습니다. 집에서도 방과 후 공부를 해야 하니 가정에서도 자기 결정감을 키우기 어렵지요. 이런 상황에서 아이들이 점차 수동적인 태도를 지니며 공부에 흥미를 잃는 것은 당연한 일인지도 모릅니다.

자기 결정감을 키우는 방법

강요하지 말고 직접 보여주세요

프랑스의 정신분석학자 자크 라캉에 따르면 '내재적 동기'라는 것은 강요에서 나온다고 합니다. 강요를 받으면 심리적인 억압이 생기고, 이런 심리적인 억압이 욕망을 일으킵니다. 복도에서 뛰지 말라고 강요하면 아이들은 복도에서 더 뛰고 싶은 마음이 생깁니다. 마찬가지로 '공부하라'고 강요하면 공부하고 싶지 않은 내재적 동기가 발생하는 것이지요.

언어가 발달하기 전 인류의 유일한 학습 방법은 주변 사람들의 행동을 모방하는 것이었습니다. 구석기 시대에 인류는 옆 사람이 돌칼을 만드는 모습을 보고 익혔습니다. 모방을 통한 학습은 언어를 통한 학습보다 강력한 배움의 도구입니다. 아이들은 어른들의 말보다는 어른들의 행동을 그대로 따라 합니다. 아이가 공부하기를 바란다면 부모님이 먼저 공부하세요. 선택의 기회가 주어졌을 때, 아이들은 부모님이 했던 바람직한 행동을 모방하는 선택을 하게 될 것입니다.

공부의 중요성을 깨닫고 책임감을 느끼게 해주세요

공부가 중요한 이유를 자주 말해주세요. 아이가 이루고 싶은 꿈에 공부가 어떤 도움이 되는지 설명하는 것도 좋습니다. 공부를 열심히 해서 꿈을 이룬 사람들의 이야기를 들려주는 것도 좋습니다. 주변에 공부를 열심히 하는 선배들과 시간을 갖도록 하는 것도 좋은 방법입니다.

공부의 필요성을 충분히 설명한 뒤에는 앞으로의 행동을 스스로 선택하게 해주세요. 이때 선택의 폭이 너무 넓으면 오히려 아이들이 선택을 제대로 하지 못하게 되므로 부모님이 적절한 대안이나 선택지를 제시해주는 것이 좋습니다. 예를 들어 그동안 문제집 두 쪽을 풀었다면, 한 쪽으로 줄일 것인지, 그대로 할 것인지, 아예 하지 않을 것인지를 선택지로 제시할 수 있습니다. 아이가 공부 약속을 잘 지키지 않는다면 공부 계약서를 작성해보는 것도 좋습니다.

공부 계약서에는 계약 기간, 계약 내용, 약속을 어길 때의 처벌이 들어가야 합니다. 처음에는 계약 기간을 일주일 단위로 짧게 정하고 점차 늘려가는 것이 좋습니다. 처벌은 청소하기와 같이 아이가 싫어하는 것을 시키는 유형보다 아이가 기대하거나 좋아하는 것을 없애는 유형이 좋습니다. 용돈을 줄이는 것이 대표적인 예입니다. 공부 계약서를 작성하면 아이가 앞으로 하게 될 공부에 책임감을 느끼게 됩니다.

아이가 공부하기 싫어할 때는 그 마음을 이해하고 인정해주세요. 그리고 다음 공부 계약서에는 그 내용을 반영해주겠지만, 일단 지금 계약을 이행하지 않았으므로 약속한 처벌을 받아야 한다고 이야기해주세요. 아이의 마음을 비난하면 아이가 수치심을 느끼거나 자존심이 꺾일 수 있습니다. 아이의 마음을 헤아려주되 행동에 책임을 지도록 하면 아이 스스로 공부의 주체가 되어 더 열의를 보이게 됩니다. 자율에는 책임이 따른다는 것을 알게 되면 아이는 바람직한 행동을 하게 됩니다.

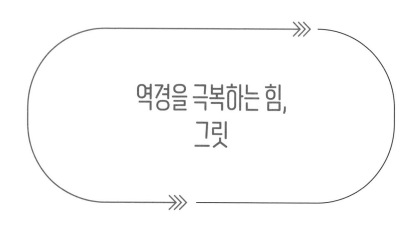

역경을 극복하는 힘,
그릿

그릿을 키워주세요

몇 해 전 『그릿』이라는 책이 베스트셀러가 된 적이 있습니다. 저
자는 '어떤 상황에서든 포기하지 않는 불굴의 의지'를 뜻하는 그릿
이 성공의 가장 중요한 척도라고 강조합니다. 중요한 점은 그릿이
인간 내부에서 자연적으로 생겨난 것이 아니라 다른 사람과의 상
호작용에서 생겨난다는 사실입니다. 즉 실패에 좌절하는 것을 개인
의 문제로만 치부하면 안 된다는 것입니다.

실패에 좌절하려는 아이에게 "넌 그릿이 없어서 안되겠다"라는
식으로 피드백을 해서는 곤란합니다. 부모님이 조금만 노력하면 아

이들의 그릿을 키울 수 있습니다. 아이의 그릿을 키워주려면 어떻게 해야 할까요?

완벽주의에서 벗어나도록 하세요

아이들은 실수에서 배웁니다. 실수를 두려워하는 아이들은 새로운 것에 도전하지 못합니다. 새로운 것에 도전하지 못하면 배우는 능력도 떨어집니다. 시험에서 좋은 성적을 받는 것을 너무 강요하지 마세요. 좋은 성적을 받는 것에 목표를 둔 아이들은 어려운 과제에 모험적으로 달려들지 않습니다.

성적과 실력은 다른 개념이라는 것에 주목할 필요가 있습니다. 어려운 과제에 계속해서 도전하는 아이들의 실력은 향상하지만, 쉬운 과제만 해결하려는 아이들은 제자리걸음을 합니다. 나쁜 성적을 받았다는 것은 계속 배우고 있다는 뜻일 수 있습니다.

아이들에게는 "성적은 상관없어. 그냥 최선을 다해"라는 말도 부담이 됩니다. 대신 이렇게 말해주세요. "잘하고 있어. 실력이랑 성적은 다른 거야. 성적은 시험에 따라서 올라가고 내려갈 수 있지만, 실력은 노력에 따라서 달라지잖아. 노력한다면 실력은 분명히 올라갈 거야. 과목에 따라서 성적이 늦게 오르는 과목도 있지만, 꾸준히 노력해서 실력을 키우면 성적도 좋아질 거야."

실패의 원인을 노력 부족으로 돌리도록 하세요

그릿은 실패의 원인을 자신의 노력으로 돌렸을 때 키워집니다. 예를 들어 시험에서 나쁜 성적을 받은 학생은 실패 요인이 무엇인지 알고자 할 것입니다. 이때 자신의 노력을 원인으로 꼽은 학생은 다음 시험 때 더 노력합니다. 반면, 운이 나빴다거나 문제가 이상했다거나 스스로 재능이 없다고 생각하는 학생은 더 노력하지 않게 됩니다. 자신이 통제할 수 없는 것들을 실패의 원인으로 돌리면 학습된 무기력에 빠지게 됩니다.

'학습된 무기력'이란 몸이 묶인 채 여러 차례 전기 충격을 받은 개들이 나중에는 이 상황에 자포자기하여 더 이상 피할 방법을 찾지 않고 전기 충격을 감수하는 것을 보고 발견한 현상입니다. 학습된 무기력은 현재의 고통을 자신이 통제하지 못한다고 느낄 때 나타납니다. 실패를 외부 요인에서 찾게 되면 실패를 개선하기 위한 어떤 노력도 하지 않게 됩니다. 학습된 무기력을 막고 그릿을 키우기 위해서는 성공이든 실패든 그 원인을 노력으로 돌리게 해야 합니다. 실패한 아이에게 "이번에는 노력이 부족했구나"와 같은 피드백이 필요한 이유입니다.

샌드위치 전략으로 건설적 비판을 해주세요

그릿을 키우기 위해서는 실패에 대한 건설적 비판이 필요합니다. 무조건 잘하고 있다고 말하면 실패로부터 배울 기회를 놓치게 됩니다. 그렇다고 직접적으로 비판하면 아이의 자신감이 떨어집니다. 샌드위치 전략을 사용하면 아이의 자신감은 훼손하지 않으면서도 아이가 실패로부터 배우게 됩니다.

샌드위치 전략은 빵과 빵 사이에 햄이나 양상추가 들어 있는 것처럼 긍정적 평가 사이에 바라는 점을 넣는 것을 의미합니다. 랜선 공부에 조금 더 집중해줄 것을 바라는 상황이라면 다음과 같은 단계를 거칠 수 있습니다.

긍정적 평가 (아이의 상황에 대한 공감)	요즘 공부하기 좀 힘들지? 학원 대신 이렇게 EBS로 공부하는 것이 어려운데 잘해주니 엄마는 정말 고마워.
바라는 점	공부하면서 더 집중해줬으면 좋겠어. 집중해서 수업을 듣지 않으면 시간 낭비가 되기 쉽거든.
긍정적 평가 (잘할 수 있다는 사실 상기)	지난 1학기에 좋은 성적을 받은 것도 EBS 덕분이었잖아. 1학기처럼 공부한다면, 이번에도 좋은 성적 받을 수 있을 거야.

첫 번째 긍정적 평가는 아이의 상황에 공감하는 것입니다. 진심을 담아서 공감하면 아이의 마음이 열립니다. 두 번째 단계에서는 부모님이 바라는 점을 구체적이고 직접적으로 말하는 것이 좋습니다. 이때 "~하지 마"라는 말보다 "~했으면 좋겠어"라는 식으로 긍정어를 사용해서 표현해주세요. 세 번째 단계에서는 앞으로 잘할 수 있다는 사실을 상기시키고 용기를 심어주세요. 아이들이 도전하려면 자신감이 있어야 합니다. 긍정적인 미래를 떠올리면서 할 수 있다는 믿음을 주세요.

4장 공부의 자기 주도성을 키워주세요

스트레스에 대처하는 능력

'초등학생이 무슨 스트레스야?'라고 생각하실 수도 있지만, 아이들도 가족, 친구, 선생님과의 관계에서 스트레스를 받습니다. 스트레스를 잘 다루지 못하는 아이들은 주변 사람들에게 자주 짜증을 내고 이해심이 줄어 친구 관계에 문제가 생기기도 합니다. 또 지금 당장의 스트레스를 줄이기 위해서 할 일을 미루기도 합니다.

이런 잘못된 대처는 결국 더 큰 스트레스를 불러옵니다. 스트레스를 제대로 관리해야 스스로 자신감과 용기를 얻는 그릿이 키워집니다. 아이가 스트레스에 잘 대처하도록 돕는 3가지 활동을 알려드립니다.

첫째, 아이가 스트레스를 받는 것이 보이면 우선 몸을 움직이도록 하는 것이 좋습니다. 아이에게 운동을 하면 생각할 수 있는 능력과 기억력이 좋아진다고 말하면서 아이가 좋아하는 신체 활동을 하도록 해주세요. 둘째, 심호흡은 스트레스를 줄이는 가장 빠른 방법입니다. 심호흡에 익숙해지면 눈을 감고 호흡에만 집중하는 명상을 할 수도 있습니다. 셋째, 취미 생활을 통해서 스트레스를 배출할 수도 있습니다. 레고 조립, 독서, 노래 부르기, 글쓰기, 악기 연주하기와 같이 몰입할 수 있는 활동을 하면 잠시 스트레스 상황에서 벗어날 수 있습니다.

그릿이 부족한 것은 아이의 잘못이 아닙니다. 우리 사회는 개인이 통제할 수 없는 부분을 중요시하는 경향이 많습니다. '우월한 유전자', '금수저'와 같은 유행어는 개인이 통제할 수 없는 것을 선망의 대상으로 만들고 있습니다. 나약하고 무기력한 아이들은 스스로 그렇게 된 것이 아니라 사회가 만들어낸 것일지도 모릅니다. 아이가 그릿을 키울 수 있도록 부모님의 노력이 필요합니다.

4장 공부의 자기 주도성을 키워주세요

똑똑한 학습 도구가 된 스마트폰

손안의 작은 선생님

스마트폰은 잘 사용하면 손안의 작은 선생님이 되어서 아이의 공부를 도와줍니다. 학습하기에 좋은 다양한 콘텐츠들이 스마트폰 애플리케이션으로 개발되어 있기 때문입니다. 특히 수학 연산, 영어 알파벳과 파닉스 같은 기초 기능을 습득하기에 좋은 학습 애플리케이션이 많습니다. 이런 애플리케이션을 잘 활용하면, 학습에 어려움을 겪는 아이들도 흥미를 가지고 공부할 수 있습니다.

이런 장점에도 불구하고 요즘 아동, 청소년의 스마트폰 사용 문

연도별·대상별 스마트폰 과의존 위험군 현황(단위: %)

고위험
잠재적위험

유아동
	2018	2019	2020
	20.7	22.9	**27.3**
고위험	2.0	2.3	3.7
잠재적위험	18.7	20.6	23.6

청소년
	2018	2019	2020
	29.3	30.2	**35.8**
고위험	3.6	3.8	5.0
잠재적위험	25.7	26.4	30.8

성인
	2018	2019	2020
	18.1	18.8	**22.2**
고위험	2.7	2.8	4.0
잠재적위험	15.4	16.0	18.2

60대
	2018	2019	2020
	14.2	14.9	**16.8**
고위험	2.4	2.5	3.2
잠재적위험	11.8	12.4	13.6

(출처: 「스마트쉼센터 2020년 스마트폰 과의존 실태 조사 결과」)

제로 부모님의 고민이 깊습니다. 2020년 스마트폰 사용 현황을 보면 2019년보다 위험군의 비율이 아동은 22.9퍼센트에서 27.3퍼센트로, 청소년은 30.2퍼센트에서 35.8퍼센트로 급증했습니다. 이는 2018~2019년의 증가율보다 2배 이상 높은 수준이지요.

특히 아동과 청소년의 스마트폰 과의존 비율은 성인보다 월등히 높습니다. 과의존 위험군 비율은 점차 늘어날 것으로 예상되어 앞으로 큰 사회적인 문제가 될 듯합니다. 스마트폰을 지나치게 사용하면 기억력, 청력, 시력이 저하되고 거북목증후군, 손목터널증후군, 척추측만증 등의 질병이 발생합니다. 이제 아이들의 바람직한 스마트폰 사용에 관심을 두어야 할 때입니다.

스마트폰에 문제점이 많다고 해서 무작정 사주지 않을 수도 없습니다. 일부에서는 아이에게 스마트폰을 사주는 시기를 최대한 늦추라고 주장하기도 합니다. 하지만 아이들에게 스마트폰이 신체의 일부처럼 되어버린 지는 오래입니다. 아이들은 처음 만나는 친구와 전화번호를 교환하고 카카오톡으로 이야기를 나눕니다. 담임 선생님은 밴드를 만들어서 알림장을 공유하고 주간학습을 안내하기도 합니다. 스마트폰으로 더 적극적이고 자주 소통할 수 있는 사회가 된 것입니다.

최대한 스마트폰을 늦게 주는 것만이 유익한 것도 아닙니다. 스마트폰을 처음 가지게 되는 순간 아이들은 그동안 억눌렸던 욕구가 폭발하면서 더 무섭게 몰입할 수도 있습니다. 스마트폰을 사주는 시기를 최대한 늦추는 동안 아이는 주변 친구들과 적절한 공감대를 형성하기 어려워집니다. 심지어는 친구의 부모와 비교하면서 부모에 대한 원망을 키울 수도 있습니다.

스마트폰이 없다고 아이들이 게임을 하지 않는 것도 아닙니다. 게임을 할 아이들은 PC방을 찾아가서 게임을 하기도 하지요. 아이와의 관계가 걱정되어 중고등학교 때 스마트폰을 사주면 어떨까요? 이때의 시험 성적은 상급학교 진학에 아주 중요한 자료가 됩니다. 이런 중고등학교 시기에 모험을 시작할 수는 없습니다.

초등학교 3학년부터 조금씩 스마트폰 사용을 연습해보는 것이 좋습니다. 초등학교 3학년부터는 하교 시간이 늦어지고 본격적인 학습이 시작됩니다. 또 학생 주도 프로젝트 학습이 시작되는 시기이기 때문에 3학년 학생들은 수업 중에 학습 도구로써 스마트폰을 사용하기도 합니다. 사회 시간에 스마트폰으로 우리 지역의 주요 장소를 검색해서 알아보기도 하지요. 그래서 기왕 스마트폰을 사줄 것이라면 아이가 아직 부모님의 통제에 잘 따르는 3학년 때가 좋습니다.

스마트폰을 현명하게 사용하는 방법

스마트폰은 부모님의 소유로 정하기

스마트폰을 처음 시작하는 단계에서는 아이들에게 스마트폰을 주되 기본적으로 부모님의 소유로 하는 것이 좋습니다. 아이가 필요할 때 부모님에게 빌리도록 해주세요. 처음부터 아이가 전적으로 스마트폰을 소유하도록 하는 것은 이제 걸음마를 시작한 아이에게 축구화를 사주는 것과 같은 이치입니다.

기본적으로 스마트폰을 부모님의 것으로 하고 필요할 때마다 빌려주면, 스마트폰을 긍정적으로 사용하는 습관을 먼저 들일 수 있습니다. 원래 아이의 것일 때 부모가 스마트폰을 가져가면 뺏는 것이 되지만, 부모의 것을 빌려준 경우는 돌려주는 것이 되기 때문에 자연스럽게 아이의 주의력을 길러줍니다.

스마트폰 관리 애플리케이션 사용하기

자녀의 스마트폰을 관리하는 애플리케이션도 많이 있습니다. 대표적인 서비스가 모바일펜스입니다. 모바일펜스는 사용 시간 제한, 게임 시간 제한, 사용 시간 알림 기능을 제공합니다. 자녀가 스마트폰에서 어떤 애플리케이션을 실행하는지 모니터링할 수 있고, 특정 애플리케이션을 차단하거나 사용 시간을 할당할 수도 있습니다. 이 애플리케이션은 아이의 활동을 꽤 강력하게 통제하기에 자녀가 이미 스마트폰에 중독된 경우에 사용하는 것이 좋습니다.

스마트폰 사용 규칙 정하기

아직 스마트폰 사용 시간이 그렇게 길지 않다면 아이 스스로 스마트폰 사용 규칙을 정하는 것이 가장 이상적입니다. 이때 중요한 것은 부모도 스마트폰 사용 규칙을 정하고 함께 지켜나가는 것입니다. 함께 정할 수 있는 규칙 세 가지를 소개해드립니다.

첫째, 스마트폰은 스마트폰 집에 둡니다. 인간의 자제력은 한계가 있습니다. 자꾸 스마트폰이 보이면 스마트폰을 확인하게 됩니다. 집에 작은 스마트폰 집을 만들어보세요. 우리가 학교나 밖에 나갔다가 집에 오면 편하게 쉬듯이 스마트폰도 충전할 수 있는 집이 필요하다고 아이를 설득해보세요.

둘째, 스마트폰의 알림을 끕니다. 학습과 관련 없는 불필요한 알림은 아이의 집중력을 떨어뜨립니다. 알림을 모두 확인하며 스마트폰을 들여다보는 동안 내 시간을 다른 사람을 위해 쓰게 된다고 말해주세요. 대신 중요한 전화는 받을 수 있도록 진동으로 설정해 둡니다.

셋째, 스마트폰 사용 시간을 매일 점검합니다. 스마트폰 사용 관리 애플리케이션을 이용해서 사용한 시간을 스스로 점검하도록 합니다. 이때 공부와 관련된 애플리케이션의 사용 시간은 제외하도록 해서 온라인 학습에 방해가 되지 않도록 해야 합니다. 카카오톡과 같은 SNS, 인터넷 사용 시간을 합해서 얼마나 사용했는지 스스로 점검하도록 합니다.

성취감이
아이를 더 크게 키웁니다

목표가 있는 사람이 행복합니다

유유자적하며 생활하는 것이 행복을 느끼는 방법이라고 생각하는 사람도 있겠지만, 목표를 달성하는 과정에서 행복을 느끼는 사람도 있습니다. 특히 성장하는 단계에 있는 어린이들은 삶에서 이루고 싶은 것들을 하나씩 해나가며 성취감을 느끼는 것이 중요합니다. 성취감을 자주 느끼는 아이들은 자신감을 갖고 새로운 도전 과제를 찾게 됩니다.

도전하는 아이들과 그렇지 않은 아이들 사이에는 분명히 타고난 기질의 차이도 있습니다. 하지만 진취적인 성향 역시 길러질 수 있습니다. 성취감을 자주 느끼는 아이들은 진취적인 성향을 갖게 됩니다. 어떤 목표를 달성하면 뇌에서는 그에 대한 보상으로 도파민이 분비됩니다. 성취감을 자주 경험하는 사람은 이 도파민을 또 느끼고 싶어서 새로운 도전을 찾습니다.

사실 아이들이 게임을 하는 이유도 게임이 쾌락과 욕망, 감정 등에 영향을 미치는 신경전달물질인 도파민 분비를 촉진하기 때문입니다. 게임은 도파민 수치를 높이도록 체계적으로 설계되어 있습니다. 도파민은 정확한 목표와 결과가 있어야만 배출되는데, 게임 속에는 목표가 있고 그 결과가 시각적으로 명확하게 제시됩니다. 또 레벨업을 통해 성취감을 자주 느끼게 하여 게임에 몰입할 수 있도록 합니다.

사람은 주변 상황을 자신의 힘으로 통제할 수 없을 때, 자신이 통제할 수 있는 것에 더 집중합니다. 저도 중학생 시절에는 친구 관계나 공부가 마음대로 풀리지 않을 때 게임에 빠졌죠.

통제 불가능한 상황을 피하기 위해 통제 가능한 일들에 몰입하는 것은 자연스러운 일입니다. 아이들의 일상을 잘 살펴보면 자신이 하고 싶은 대로 하지 못하는 것이 많습니다. 이때 중요한 점은 나중에 어른이 되어 자신이 통제할 수 있는 무언가를 찾을 때, 그것이 여전히 게임인지 아니면 다른 생산적인 무엇인지는 어린 시절을 어떻게 보냈느냐에 달려 있다는 것입니다.

4장 공부의 자기 주도성을 키워주세요

성취감을 느낄 수 있는 다른 취미를 만들어주세요. 어릴 때부터 공부에만 매달린 아이들은 초등 고학년 때 공부에 좌절감을 느끼면, 성취감을 맛볼 수 있는 곳이 없어집니다. 공부에 실패했을 때 미술, 음악, 체육과 같은 취미에서 다시 성취감을 느낄 수 있도록 미리 준비해주는 것이 좋습니다. 크고 작은 성공 경험은 자아 효능감을 향상시켜서 좌절감을 맛본 공부에도 계속 도전할 수 있게 해줍니다.

운동은 성취감을 느끼기 좋은 활동입니다. 친구들과 어울리는 것을 좋아하는 아이라면 축구와 농구 같은 팀 스포츠가 좋습니다. 개인적인 운동을 좋아하는 아이라면 수영과 줄넘기도 좋습니다. 다만, 체력이 바닥날 때까지 운동하면 오히려 뇌 건강에 좋지 않으므로 운동 시간을 적절히 조절해주세요.

악기 중에 피아노는 음악적 감각은 물론 악보를 읽는 방법과 음악 이론을 깊이 있게 배울 수 있어서 취미로 익히면 좋습니다. 리코더나 오카리나는 혼자서 연습하면서 익힐 수 있으며, 학교 방과 후 프로그램을 활용할 수도 있습니다.

막는 게 능사는 아닙니다

아이가 게임하는 것을 무조건 막지 말아 주세요. 사람은 금지된 것을 할 때 자유를 느낍니다. 부모님이 게임을 하지 못하게 할수록 아이는 게임을 하면서 자유로움을 느낍니다. 부모님이 간섭과 통제를 많이 할수록 게임에 몰입하는 정도가 더 심해집니다. 대신 방이 아닌 거실에서 게임하도록 해주세요. 공개적인 장소에서 떳떳하게 게임한다는 느낌이 들도록 하는 것이 좋습니다.

게임을 하지 말라고 하기보다 게임을 얼마나 더 했으면 좋겠는지 물어봐주세요. 그리고 아이가 하고 싶다고 한 시간보다 조금 더 하게 해주세요. 그렇게 하면 아이가 게임을 충분히 했다는 생각이 들게 됩니다.

종일 게임만 해서 공부 시간이 부족할까 걱정하는 부모님들도 계실 것입니다. 하지만 게임하는 시간을 한 시간 줄여도 실제로 늘어나는 공부 시간은 2분 남짓이라는 연구 결과도 있습니다. 공부 시간을 2분 늘리기 위해서 게임 시간을 한 시간 줄이는 것보다는 하고 싶은 만큼 하게 두고 남은 시간을 공부에 집중하도록 하는 것이 좋습니다.

게임이 무조건 나쁜 것도 아닙니다. 실제로 하루에 한 시간씩 게임하는 아이들의 성적이 게임을 전혀 하지 않는 아이들보다 더 좋다는 연구 결과가 있습니다. 문제는 하루에 한 시간만 하기가 어렵다는 것이지요. 모든 일이 그렇듯 과하면 부족한 것보다 나쁩니다. 아이가 스트레스를 해소하는 방법을 게임에만 의존하지 않도

4장 공부의 자기 주도성을 키워주세요

록 해주세요. 아이가 성취감을 느낄 수 있는 활동을 많이 경험하게
해주시고 게임을 무조건 금지하지는 말아주세요.

좋은 공부 환경을
만들어주세요

공부하기 좋은 환경의 2가지 조건

같은 씨앗이더라도 어떤 땅에서는 잘 자라고, 어떤 땅에서는 잘 자라지 않는 것처럼 환경은 아이의 공부에 큰 영향을 미칩니다. 공부에 잘 집중하는 아이들과 그렇지 않은 아이들을 보면 주변 환경에 큰 차이가 있음을 확인할 수 있습니다.

물론 공부 환경이 제대로 갖춰지지 않은 상황에서 스스로 더 의지력을 발휘하고 노력해서 좋은 결과를 내는 아이도 있습니다. 하지만 보통 이를 위해서는 많은 좌절과 실패가 동반합니다. 적절한 환경이 뒷받침된다면 아이의 의지와 노력을 바탕으로 더 큰 성장을 이루어낼 수 있습니다.

공부 환경에는 크게 공간적 환경과 사회적 환경이 있습니다. 공간적 환경이란 아이가 공부하는 방과 책상 등 물리적 공간과 관련된 환경을 말합니다. 이런 공간적 환경을 잘 조성한 대표적인 예가 도서관의 높은 천장입니다. 높은 천장이 창의적인 사고를 자극하기 때문에 도서관의 천장은 주로 높게 설계됩니다.

사회적 환경은 아이와 상호작용하는 주변 사람과의 관계를 말합니다. 아이들의 자존감은 5~7세 사이에 주로 형성되며 이때 부모가 미치는 영향이 가장 크다고 합니다. 공부뿐 아니라 인성, 인간관계 등 아이가 성장하면서 겪는 많은 영역에서도 사회적 환경은 중요한 역할을 합니다.

공간적 환경 개선하기

공간적 환경을 개선하기 위해서는 아이의 방과 책상을 잘 정리하는 것이 좋습니다. 모든 사물에는 에너지가 있습니다. 우리가 인식하지 못하는 순간에도 물건들은 끊임없이 우리에게 영향을 미칩니다.

사람은 능동적으로 선택하기보다는 환경에 수동적으로 반응합니다. 잡다한 물건이 많은 방에서는 집중력이 분산됩니다. 그래서

방을 정리하는 것도 공부의 일부분입니다. 하루의 일과가 끝나면 방과 책상을 정리하여 내일 공부를 준비하도록 해주세요.

집중을 방해하는 요소는 제거해주세요

책상 위에서 지금 공부하는 것 외에 다른 것들은 눈에 보이지 않도록 해주세요. 책상 위에 공부에 필요하지 않은 물건들이 보이면 주의집중력이 분산됩니다. 장난감과 간식거리는 물론이고 다음에 공부할 것, 이전에 공부한 것들도 책상 위에 올라와 있으면 학습에 방해가 됩니다. 책상 위에 아무것도 없는 것이 좋습니다.

미술 시간에 만든 작품이나 장난감을 방에 보관하는 경우가 있습니다. 이런 환경에서 아이는 공부 시간에 수시로 자기가 만든 작품과 장난감에 눈길이 쏠려 수업에 집중하지 못합니다. 작품과 장난감을 거실로 옮겨서 공부 방해 요소가 없는 방으로 만들어주세요. 의자도 중요합니다. 바퀴가 있거나 돌아가는 의자에 앉은 아이들은 의자를 돌리면서 집중력을 잃기 쉬우니 바꿔주세요.

실시간 쌍방향 수업을 할 때는 카메라 각도를 잘 조절하는 것이 좋습니다. 원격 수업을 할 때는 선생님에게 보이는 자신의 모습에 따라 아이들의 행동이 달라집니다. 카메라 각도는 위에서 아래로 향하게 해서 아이의 얼굴과 공부하는 책이 보이도록 해야 합니다. 선생님에게 자신이 공부하는 모습 전체가 보이게 되어 집중력이 높아집니다.

독서하기 좋은 환경을 만들어주세요

아이들의 지적 능력을 계발하기에 가장 좋은 방법은 독서입니다. 독서를 취미로 삼는 아이들은 독서를 통해서 스트레스를 해소합니다. 쉬면서도 인지적인 자극이 될 수 있으니 일석이조의 효과를 누릴 수 있죠. 하지만 대부분 가정의 거실은 독서보다는 소파에 앉아서 텔레비전을 보기 좋은 환경입니다. 텔레비전은 안방으로 옮기고 텔레비전 대신 책장을, 소파 대신 넓은 테이블과 의자를 두면 함께 독서하고 토론하기 좋은 환경이 됩니다.

아이들의 손이 닿는 곳에 책을 두세요. 책상 위, 침대 주변, 거실 테이블 위, 화장실 등등 곳곳에 책을 두세요. 책에 자주 노출된 아이들은 스스로 책을 읽고 싶어 하는 마음이 듭니다. 평소에 보고 싶지 않은 책이지만 자주 눈에 띄면 한 번이라도 더 손이 가기 때문입니다. 혹시라도 그 책이 마음에 들지 않더라도 어떤 일이 닥쳤을 때 '아 맞다 집에 그런 책이 있었지! 한번 읽어봐야겠다'라는 생각이 들기도 합니다. 좋은 책들에 자주 노출되면 책을 읽을 확률이 높아집니다.

책장에 책을 배치할 때 책장의 아랫부분, 즉 1~3층 정도는 아이들의 책으로 채워야 합니다. 그중에서도 아이들에게 지금 필요한 책들은 눈높이에 꽂아주세요. 책장의 책 배치를 아이에게 맡기는 것도 좋은 방법이 될 수 있습니다.

한 사람의 지적 수준은 그 사람이 가지고 있는 장서를 보면 알 수 있다고 합니다. 책만으로 사람을 판단할 수는 없지만, 장서를 보면 관심사가 무엇인지 어느 정도 추측할 수 있기 때문입니다. 책장을 관리하는 능력이 생기면, 아이들은 스스로 자신의 독서 세계를 구축하게 될 것입니다.

사회적 환경 개선하기

아이가 만나는 사회적 환경에는 부모와 형제자매, 선생님과 친구가 있습니다. 가정에서 아이들은 부모나 형제자매의 행동을 따라 하는 경향이 있습니다. 학교에서는 선생님과의 상호작용을 통해서 새로운 것을 배우고, 친구들의 행동을 따라 하기도 합니다. 친구들과 우정을 나누면서 아이들은 심리적인 안정을 이루게 됩니다.

긍정적인 태도를 길러 주세요

아이들은 부모의 시선으로 세상을 바라봅니다. 부모님이 긍정적인 시선으로 세상을 바라보면 아이들도 긍정적으로 변합니다. 가정에서도 배려하고 양보하는 분위기를 만들어주면 아이들도 학교에서 배려하고 양보하게 됩니다.

아이에 대한 비판은 아이의 자존감에도 상처를 줄 뿐만 아니라 아이도 다른 아이를 비판하게 만듭니다. 아이를 다른 형제자매와 비교하며 키우면 아이들 사이에 서로 협동하기보다는 경쟁하는 태도가 생기게 됩니다.

선생님과 좋은 관계를 만들어주세요

선생님과의 관계가 좋은 아이들은 공부를 더 열심히 하게 됩니다. 아이가 선생님에게 긍정적인 마음을 지니도록 선생님이 아이에게 하는 칭찬을 잘 전달해주면 아이도 선생님을 더 따르게 됩니다. 선생님의 긍정적인 부분을 아이에게 자주 이야기해주세요.

선생님과 이야기를 나눌 때는 평소 아이가 선생님에게 미처 전하지 못한 마음을 부모님께서 대신 전달해주세요. 아이가 스승의 날이나 방학식 같은 특별한 날에 그날의 일기 대신 선생님에게 마음을 담은 짧은 쪽지를 쓰는 것도 좋습니다.

모든 친구와 친하게 지낼 필요는 없습니다

아이들은 친구들과 관계가 좋을 때 심리적인 안정을 얻어서 공부에 집중하게 됩니다. 하지만 모든 아이와 친하게 지내려는 것은 오히려 관계를 나쁘게 만들 수 있습니다. 서로 적당한 거리를 유지하면서 건강한 관계를 맺을 수도 있다는 점을 알려주세요.

또 좋은 친구를 만나는 방법은 친구에게 많이 베푸는 것이라고 말해주세요. 꼭 물질적인 것이 아니더라도 양보하고 배려하면서 지내다 보면 좋은 친구를 만나게 됩니다. 다만 내가 양보와 배려를 했을 때 상대가 고마운 마음을 갖는 친구인지 확인해보라고 하는 것이 좋습니다. 일방적인 양보와 배려는 평등한 관계가 아닐 가능성이 많습니다.

아이들 사이의 갈등이 발생했을 때는 너무 깊게 관여하지 않는 게 좋습니다. 아이들은 상황을 객관적으로 파악하는 능력과 자신의 생각을 명확하게 말하는 능력이 부족합니다. 그래서 내 아이의 말만 들으면, 상황을 객관적으로 판단하기가 어렵습니다. 이때 부모님이 나서서 아이의 문제를 해결하려고 하면 아이들 사이의 갈등이 더 커지고, 자칫 어른들의 갈등으로 이어지기도 합니다.

갈등을 해결하는 것도 자라면서 배워야 할 사회적 기술입니다. 갈등을 피하려고 하지 말고, 상대 아이와 대화를 통해 사과하고 사과받으라고 격려해주세요. 그래도 해결이 되지 않는다면 갈등을 겪고 있다는 사실을 담임선생님에게 알리는 것이 좋습니다.

공부력을 키우는
부모의 소통법
④

아이의 행동을 이끌어내는 부모의 말 습관

생각을 조심해라! 말이 된다. 말을 조심해라! 행동이 된다.
행동을 조심해라! 습관이 된다. 습관을 조심해라! 성격이 된다.
성격을 조심해라! 운명이 된다. 우리는 생각하는 대로 된다.

-마거릿 대처(전 영국 총리)

'철의 여인'이라고 불리는 마거릿 대처의 이 명언은 생각이 운명을 결정하는 과정을 잘 보여줍니다. "어휴, 내가 그렇지 뭐. 나는 운이 없어"라는 말을 버릇처럼 하는 사람은 좋은 기회가 와도 그 기회를 놓쳐버립니다. "나는 운이 좋아"라는 말이 버릇이 된 사람은 어려운 고비에서도 희망을 잃지 않고 계속해서 도전합니다.

아이들은 모방하는 존재입니다. 특히 주변의 친구들이나

부모님의 말버릇을 따라 하는 경우가 많습니다. 한국에서 태어난 아이가 한국어를 하고 미국에서 태어난 아이가 영어를 하듯, 아이들은 주변의 말버릇을 흡수합니다. 가정에서부터 부정적 언어 습관을 긍정적 언어로 바꾸는 노력을 시작해보세요.

부정적 언어를 긍정적 언어로 바꾸는 방법

'못해요' 뒤에 '아직은' 붙이기

아이가 "저는 나눗셈 못해요"라고 말했을 때 두 가지 대처법이 있습니다. 나쁜 방법은 "처음부터 잘하는 사람은 없어. 해보지도 않고 무슨 말이야"라고 하는 것입니다. 좋은 방법은 "그래, 너는 나눗셈을 못해, 아직은. 다시 한번 해보자"라고 하는 것입니다.

나쁜 방법은 일반적인 부모님들의 반응입니다. 이렇게 말하면 비록 부모님은 옳은 말씀을 하셨다고 생각하더라도 아이는 자기 생각이 존중받지 못했다고 생각하게 됩니다. 그러면 변화가 일어나기 어렵습니다. 좋은 예시처럼 나눗셈을 못한다는 말에 '아직은'이라는 단서가 붙으니까 말이 주는 에너지가 달라집니다. 이처럼 부정적인 말 뒤에 '아직은'이라는 말을 붙이면 부정적인 아이의 생각을 긍정적으로 바꿔줄 수 있습니다.

'~해야 해'가 아니라 '할 수 있어'로

아이의 방이 엉망일 때 부모님들은 다음처럼 말하곤 합니다. 나쁜 표현은 "네 방은 네가 치워야지. 엄마가 매번 치워줄 수 없잖아"라고 하는 것입니다. 좋은 표현은 아이의 눈을 보고 확신을 담아서 "네 방은 네가 치울 수 있어. 그렇지?"라고 하는 것입니다.

우리는 무의식적으로 "~해야 한다"라는 표현을 많이 씁니다. 의무감이 포함된 이 표현을 자주 사용하면 부담감이 늘어나게 됩니다. 그 대신 "할 수 있다"는 표현을 쓰면, 아이의 가능성을 열어줍니다. 네 방은 네가 치울 수 있다고 말만 해주고 선택은 아이에게 맡기는 것이지요. 이때 부모가 아이를 믿는다는 진심이 전달될 수 있도록 아이의 눈을 보고 확신을 담아서 이야기하는 것이 중요합니다.

의무감이 포함된 말을 "할 수 있어"로 바꾸면 마음이 가벼워지는 것을 느낄 수 있습니다. "책을 읽어야 해"를 "책을 읽을 수 있어"로, "공부해야 한다"를 "공부할 수 있어"로 바꿔서 이야기해보세요. 아이도 마음이 편해질 것입니다.

부정어 대신 긍정어로

아이가 시험을 앞두고 스마트폰 게임을 하고 있습니다. 이럴 때 나쁜 반응은 "성적 떨어지고 싶지 않으면, 게임 그만하고 공부를 해야지"라고 하는 것입니다. 좋은 반응은 "지금 공부를 시작하면, 시험 성적이 예전보다 오를 거야"라고 하는 것입니다.

나쁜 반응에서는 성적이 떨어지는 부정적인 가정을 제시하면서 아이의 행동 변화를 유도합니다. 하지만 우리의 무의식은 우리가 상상하는 상황으로 이끄는 경우가 많습니다. 성적이 떨어지는 것을 막기 위해 공부하면 긴장하게 되어 오히려 안 좋은 결과를 일으킵니다. 좋은 반응처럼 좋은 상황을 상상하게 되면 긍정적인 기운을 받아서 공부할 수 있게 됩니다.

긍정적인 말을 연습하는 긍정 확언을 해보자

그 외에 일상적인 말버릇을 의도적으로 바꾸기 위해서 하기 좋은 것은 긍정 확언입니다. 유튜브에 '아침 긍정 확언'을 검색하면 많은 영상이 검색됩니다. 처음에 아이들과 긍정 확언을 할 때 아이들에게 따라 하기를 강요하지 말아주세요. 아침 시간이나 출퇴근 시간을 이용해서 들려주면 충분합니다.

어느 정도 익숙해지면 어른이 먼저 따라 해보세요. 어른들이 따라 하다 보면 아이들도 조금씩 따라 하게 됩니다. 꼭 처음부터 끝까지 따라 할 필요는 없습니다. 아이가 집중력과 흥미를 잃는 것이 보이면 영상을 끄고 다음에 다시 듣는 것도 좋습니다.

　말은 생각보다 힘이 셉니다. 특히 다른 사람이 나에게 하는 말보다 자신에게 하는 내적 언어가 더 힘이 강합니다. 좋은 말을 반복하면 좋은 생각이 자리 잡게 되고 그 생각이 좋은 행동으로 이어집니다. 좋은 행동은 긍정적인 반응이 되어 좋은 행동을 강화하게 되는 선순환이 이루어집니다.

아이는 부모가 믿는 만큼 자라납니다

이 책을 쓰면서 제 학생 시절이 떠올랐습니다. 제가 모범생이었을 것 같다는 분들이 많습니다. 하지만 사실 저는 모범생과는 거리가 멀었습니다. 공부보다는 게임에 더 흥미를 둔 학생이었습니다. 부모님이 안 계시는 날에는 밤 10시까지 게임을 하고 좋아하던 게임의 엔딩을 수십 번 볼 정도로 중독되어 있었습니다. 친구와 학원을 몰래 빠지고 바닷가로 놀러 간 적도 있습니다. 학습지를 풀기 싫어서 답안지를 몰래 베끼다가 답을 하나씩 밀려 써서 걸린 적도 있지요. 당연히 성적도 좋지 않았습니다.

어머니는 저를 이해하지 못하셨지만, 포기하지 않으셨습니다. 중학교 입학 후 첫 수학 시험에서 58점을 받아 왔을 때 어머니는 아무 말씀도 하지 않으셨습니다. 아버지의 월급으로 네 명의 자녀를 키우기에 생활비는 부족했지만, 하나뿐인 아들이 걱정되어 학원에 보내주셨습니다. 중학교 3학년 때, 저희 집으로 학원에서 제가 친구들의 공부를 방해한다는 전화가 걸려왔습니다. 잔뜩 풀이 죽은 저에게 어머니는 "엄마는 그래도 널 믿어. 힘내서 다시 시작해보자"라고 말씀하셨습니다. 울면서 학원을 가던 날 어머니에게 받은 믿음을 소중히 지키겠다고 자신에게 약속했습니다.

고등학교 1학년이 되면서 본격적으로 공부를 시작했습니다. 기초가 안 되어 있어서 누군가에게 배워야겠는데 제가 살던 강원도 소도시에는 고등학생이 다닐 학원은 없었습니다. 제가 할 수 있는 것은 교육방송을 보면서 공부하는 것뿐이었습니다. 학원에 다닐 때는 오르지 않던 성적이 혼자 공부한 지 1년이 지나자 차츰 오르기 시작했고, 고등학교 2학년 때는 수능 모의고사에서 성적이 매달 10점씩 올랐습니다. 그 결과, 고등학교 2학년 초 400점 만점에 300점도 안되었던 모의고사 점수가 수능 직전에는 398점이라는 놀라운 성장을 이뤄냈습니다.

그렇게 어머니는 제가 알아서 공부할 때까지 10년이라는 시간을 기다리셨습니다. 그동안 어머니가 앞날에 대한 걱정, 과거에 대한 후회에 휘둘리지 않았던 것은 제가 바르게 자랄 것이라는 믿음 덕분입니다. 그 믿음이 흔들릴 때도 있었고, 때론 불안함에 화를 내시기도 했습니다. 하지만 그 믿음을 잘 지켜내셨고 그 믿음에 보답하기 위해서 저도 최선을 다할 수 있었습니다.

　초등 3학년은 부모와 아이가 공부라는 긴 여행을 출발하는 시기입니다. 그 여정에 꽃길만 있는 것은 아닙니다. 숨이 턱까지 차오르는 오르막길을 만나게 될 때 가장 필요한 것은 아이에 대한 믿음입니다. 부모가 아이를 믿어야 아이도 자신을 믿기 시작합니다. 아이에 대한 믿음을 잘 지켜나가는 데 이 책이 도움이 되었으면 합니다.

장진철

랜선 공부 자기 점검표

이름 _____

수업 준비	책상 위를 정리했나요?
	태블릿 PC에 필요 없는 프로그램은 종료했나요?
수업 전	오늘 공부할 부분을 미리 읽었나요?
	오늘 공부할 부분의 문제를 미리 풀고 채점했나요?
수업 중	허리를 펴고 앉았나요?
	오늘 수업 중에 발표를 ( )번 이상 했나요?
	수업을 들으면서 메모를 했나요?
수업 후	배움공책에 핵심 내용을 정리했나요?
	핵심 내용으로 문제를 만들었나요?
쉬는 시간	쉬는 시간에 스트레칭을 했나요?
	쉬는 시간에 심호흡을 했나요?
동그라미 수	

★ 이번 주에 내가 잘한 점을 세 가지 적으세요.

1.

2.

3.

♥ 부모님 말씀

월 일(월)	월 일(화)	월 일(수)	월 일(목)	월 일(금)	총 점

★ 다음 주에 더 잘하고 싶은 것은 무엇인가요?

이번 주 점수: (　　　)점

다음 주 목표 점수: (　　　)점

♣ 선생님 말씀

평생 학습 습관을 만드는 랜선 공부법
초3, 처음부터 스스로 공부하는 아이는 없습니다

초판 1쇄 인쇄 2021년 12월 10일
초판 2쇄 발행 2022년 1월 18일

지은이 장진철
펴낸이 김선식

경영총괄 김은영
기획편집 권예경 **책임마케터** 오서영
콘텐츠사업7팀장 김민정 **콘텐츠사업7팀** 김단비, 권예경
마케팅본부장 권장규 **마케팅1팀** 최혜령, 오서영
미디어홍보본부장 정명찬 **홍보팀** 안지혜, 김민정, 이소영, 김은지, 박재연, 오수미
뉴미디어팀 허지호, 박지수, 임유나, 송희진, 홍수경
저작권팀 한승빈, 김재원 **편집관리팀** 조세현, 백설희
경영관리본부 하미선, 박상민, 윤이경, 김재경, 이소희, 최완규, 이우철, 이지우, 김혜진
외부스태프 글정리 정일웅 **표지디자인** 김윤남 **본문디자인** 박재원

펴낸곳 다산북스 **출판등록** 2005년 12월 23일 제313-2005-00277호
주소 경기도 파주시 회동길 490 다산북스 파주사옥
전화 02-704-1724 **팩스** 02-703-2219 **이메일** dasanbooks@dasanbooks.com
홈페이지 www.dasanbooks.com **블로그** blog.naver.com/dasan_books
용지 IPP **인쇄·제본** 한영문화사 **코팅·후가공** 평창피앤지

ISBN 979-11-306-7914-3 (03370)